腾讯研究院
Tencent
Research Institute

数字经济

开启数字化转型之路

闫德利 等著

“世界经济数字化转型是大势所趋”

中国发展出版社
CHINA DEVELOPMENT PRESS

图书在版编目（CIP）数据

数字经济：开启数字化转型之路 / 闫德利等著 . —北京：中国发展出版社，2019.9

ISBN 978-7-5177-1056-1

Ⅰ . ①数… Ⅱ . ①闫… Ⅲ . ①信息经济—研究—中国 Ⅳ . ① F492

中国版本图书馆 CIP 数据核字（2019）第 226962 号

书　　名：数字经济：开启数字化转型之路
著作责任者：闫德利 等
出 版 发 行：中国发展出版社
联 系 地 址：北京市西城区裕民东路 3 号 9 层　100029
标 准 书 号：ISBN 978-7-5177-1056-1
经　销　者：各地新华书店
印　刷　者：北京市密东印刷有限公司
开　　本：880mm × 1230mm　1/32
印　　张：10.25
字　　数：212 千字
版　　次：2019 年 11 月第 1 版
印　　次：2019 年 11 月第 1 次印刷
定　　价：49.00 元

联 系 电 话：（010）68990630　68990692
购 书 热 线：（010）68990682　68990686
网 络 订 购：http://zgfzcbs. tmall. com//
网 购 电 话：（010）88333349　68990639
本 社 网 址：http://www.develpress. com. cn
电 子 邮 件：150289754@qq. com

目 录

第三篇 推动数字产业化，用新动能推动新发展

第四篇 推动产业数字化，加快数字化转型步伐

第五篇 做好数字化助手，壮大产业互联网

第六篇 他山之石，海外举措

第七篇 秉持科技向善，积极应对数字经济挑战

前　言

数字经济是继农业经济和工业经济之后的一种新的经济形态，是指以使用数字化的知识和信息作为关键生产要素、以现代信息网络作为重要载体、以信息通信技术的有效使用作为效率提升和经济结构优化的重要推动力的一系列经济活动。数字经济是现代化经济体系的重要组成部分，包括数字产业化和产业数字化。

“世界经济数字化转型是大势所趋，新的工业革命将深刻重塑人类社会。”[①] 数字经济日益成为经济增长的重要驱动力，在提高现有产业劳动生产率、培育新市场和产业新增长点、实现包容性增长和可持续增长中正发挥着重要作用。世界各国纷纷制定数字经济发展战略，积极抢占全球竞争制高点。发展数字经济、推动数字化转型，是我国着眼于高质量发展作出的重大战略部署。腾讯公司积极践行“互联网 +”和数字经济理念，提出“扎根消费互联网，拥抱产业互联网”的发展战略，努力做好传统企业的“数字化助手”，成为数字化转型的连接器、工具箱和生态共建者，帮助实体产业在各自的赛道上成长为世界冠军。

---

① 习近平：《登高望远，牢牢把握世界经济正确方向——在二十国集团领导人峰会第一阶段会议上的发言》，2018年12月1日《人民日报》。

腾讯研究院是国内较早开展数字经济研究的企业智库。本书是近年的代表成果之一，收录了2017年来的32篇文章，散见于《中国信息化》《新经济导刊》《人民邮电报》《互联网天地》《行政改革内参》《科技中国》《互联网前沿》《大数据时代》《时代经贸》等期刊。每篇文章说明一个核心问题，单独成章。拟出版时对文章作了必要的修改、整合、删节、补充，使全书更具整体性和统一性，使读者可以系统了解数字经济的基本架构和主要方面。

本书是集体智慧的结晶，是大家通力合作的成果。腾讯研究院的司晓、孟昭莉、刘琼、周子祺等同事，国家工信安全中心的高晓雨、王花蕾、殷利梅、张健、牛玮璐、张芳芳、李端、王一鹤，国务院发展研究中心的戴建军、马源，以及赛迪智库的陆峰等专家学者也直接参与了相关文章的写作。本书还选取了马化腾先生在2019年全国两会上提交的关于产业互联网的人大代表建议，以及国务院发展研究中心魏际刚老师《产业互联网是新产业革命的战略支撑》一文。在写作过程中，还得到众多腾讯公司的同事和高校智库的专家学者的指导和支持，在此一并表示诚挚的感谢。

三十年来，数字技术发展如火如荼、日新月异，人类社会发生了翻天覆地的变化。然而，“我们仍处于数字经济的早期阶段”（联合国秘书长古特雷斯，2017年）。对数字经济的未来，未知远大于已知。我们需要以更加开放包容的姿态拥抱数字经济的新未来！

第一篇

数字经济的起源和内涵

当前，新一轮科技革命和产业变革正在孕育兴起，数字经济应运而生，开启人类发展史上重大的数字化时代转型，重构全球创新版图，重塑全球经济结构。回顾数字经济的起源，准确把握其深刻内涵，对于做大做强数字经济、促进高质量发展具有重要意义。

新工业革命的本质

自2011年以来，世界主要国家对当前技术和产业发展形势给出了基本判断，不约而同地认为正在经历一场新的“工业革命”或者称为“产业革命”[①]。对这场革命，我国多称之为“新一轮科技革命和产业变革”，英美称之为“第三次工业革命”，德日称之为“第四次工业革命”。为方便，我们统一用“新工业革命”进行表述。

原题《数字技术驱动新工业革命》，作者闫德利，发表于《人民邮电报》，2019年7月12日。

① 工业和产业两个词语在中文语义中有着严格的区分，而在英文中两者是同一个词“industry”。相应地，不管是工业革命还是产业革命，英文均是“Industrial Revolution”。因此，本文对工业革命和产业革命不做严格区分。

美英：第三次工业革命

美国经济学家杰里米·里夫金在《第三次工业革命：新经济模式如何改变世界》（2011 年）一书中指出：互联网技术和可再生能源的融合，正在引发第三次工业革命。

麻省理工学院数字经济项目（IDE）负责人、经济学家埃里克·布莱恩约弗森和安德鲁·麦卡菲在合著的《与机器赛跑》（2011 年）一书中指出：正在兴起的第三次工业革命是由计算机和网络推动的。

英国《经济学人》杂志在 2012 年 4 月 21 日的第三次工业革命专题中指出：以制造业数字化为主要内容的第三次工业革命已经开启。如表 1 所示。

表1　　关于第三次工业革命的主要代表性观点

代表	第一次工业革命	第二次工业革命	第三次工业革命
杰里米·里夫金	建立在以报纸印刷的信息传播技术与以蒸汽为主的能源系统之上，开始了蒸汽时代	建立在以电话、无线电为通信技术与以石油为主的能源系统之上，开始了电气时代	互联网技术和可再生能源的融合
埃里克·布莱恩约弗森、安德鲁·麦卡菲	蒸汽机	电力	计算机和网络
《经济学人》杂志	工厂机器生产取代作坊手工制作	流水线、大规模生产	数字化

资料来源：腾讯研究院，2019年6月。

德日：第四次工业革命

在美国提出第三次工业革命的同年，德国提出了工业 4.0 的概念。德国把这场革命进一步细分为基于信息技术的自动化阶段和基于信息物理系统（Cyber-Physical Systems，简写“CPS”）的智能化阶段，于是有了工业 1.0、工业 2.0、工业 3.0 和工业 4.0 的分类。世界经济论坛创始人、德国人克劳斯·施瓦布的划分方式与此基本一致，在其著作《第四次工业革命：转型的力量》（2016 年）中认为 CPS 将引领第四次工业革命。

日本经济产业省在《互联工业东京倡议 2017》中认为基于大数据、人工智能和物联网的自主优化（即智能化）将引发第四次工业革命。如表 2 所示。

表2　关于第四次工业革命的主要代表性观点

代表	第一次工业革命	第二次工业革命	第三次工业革命	第四次工业革命
德国[①]、克劳斯·施瓦布	利用水和蒸汽的力量实现生产的机械化	利用电力，基于劳动分工，实现大规模生产	利用电子和信息技术实现生产的自动化	基于 CPS 系统，实现大规模定制
日本经济产业省	获取动力（蒸汽机）	动力创新（电力、电动机）	自动化发展（计算机）	基于大数据、人工智能和物联网的自主优化

资料来源：腾讯研究院，2019年6月。

① 对应历次工业革命，德国的划分依次是：工业1.0、工业2.0、工业3.0和工业4.0。

新工业革命的本质和内涵

虽然学者和社会对新工业革命的理解有所不同，但都强调计算机、互联网和人工智能的重要作用，都认为数字技术是核心驱动力。因此，新工业革命在本质上是一场数字革命。蒸汽机驱动了第一次工业革命，电力和内燃机驱动了第二次工业革命，数字技术作为一种新的通用目的技术（General Purpose Technology），成为新工业革命的核心驱动力。

对新工业革命的内涵，2016 年 G20 杭州峰会通过的《二十国集团新工业革命行动计划》做了阐述："正在兴起的这场新工业革命，以人、机器和资源间实现智能互联为特征，由新一代信息技术与先进制造技术融合发展并推动，正在日益模糊物理世界和数字世界、产业和服务之间的界限，为利用现代科技实现更加高效和环境友好型的经济增长提供无限机遇。"

为迎接新工业革命的发展机遇，并应对随之而来的挑战，近年来世界各国纷纷出台中长期发展战略，如美国的"先进制造业伙伴计划"和"制造业创新网络计划"，德国的"工业 4.0"和"国家工业战略 2030"，英国的"数字战略"，西班牙的"工业连接 4.0"，欧盟的"欧洲工业数字化战略"，日本的"互联工业"和"超智能社会"，印度的"印度制造"和"数字印度"，俄罗斯的"数字经济规划"，阿根廷的"国家生产计划"，都包含推进新工业革命的重要举措。我国曾错失两次工业革命的历史良机，在工业化尚未完成的情况下，迎来了数字化浪潮，面临着追赶工业化进程、同步数字化机遇的双重历史任务和严峻挑战，我们更需要紧抓数字技术蓬勃发展的历史机遇，“推动互联网、大数据、人工智能和实体经济深度融合”，实现高质量发展。

数字经济的由来和内涵

数字经济是新经济、新动能，近年大放异彩，先后被写入2017年政府工作报告和党的十九大报告，特别是十九大报告充分肯定了数字经济的发展成绩。亘古一瞬，然天地一新。正是基于对经济规律的深刻认识和对人类历史进程的精准判断，数字经济在我国横空出世，不断推动我国走向世界舞台中央。

“数字经济”术语起源于20世纪90年代

数字经济是随着互联网的快速发展和不断创新而产生的一种新的经济形态，其概念最早可追溯到20世纪90年代。1995年，加拿大商业策略大师唐·塔普斯科特出版了名为《数字经济》的著作，详细论述了互联网对经济社会的影响。塔普斯科

原题《数字经济的由来》，作者闫德利，发表于《中国信息化》，2017年第11期。原题《数字经济是融合性经济，其主体属于实体经济》，作者闫德利，发表于《中国信息化》，2018年第6期。

特被认为是最早提出"数字经济"概念的人，被中国媒体称为"数字经济之父"。在此前后，尼古拉斯·尼葛洛庞帝的《数字化生存》、曼纽尔·卡斯特的《信息时代：经济、社会与文化》等著作问世，数字经济的理念迅速流行开来。

与此同时，各国政府也把发展数字经济作为推动经济增长的重要手段。1997年5月，日本通商产业省（MITI，经济产业省的前身）发布《迈向数字经济时代：日本经济的快速发展与21世纪世界经济增长》的咨询文件，认为"没有人员、物体和资金的物理移动的经济是可能的"。

日本是各国政府中最早采用数字经济术语的，而美国的推动力度最大。1998年1月31日，时任美国副总统戈尔在加利福尼亚科学中心发表了题为"数字地球：21世纪认识地球的方式"的演讲，提出了"数字地球"（Digital Earth）的概念。同年，美国商务部发布《浮现中的数字经济》报告，此后持续关注这一新经济现象，并以数字经济为主题发布了多个年度研究成果。进入21世纪，尤其是2008年国际金融危机以来，各国纷纷制定数字经济战略，加快发展数字经济已成为世界共识。

国际组织在推动数字经济方面也功不可没。联合国、经济合作与发展组织（OECD）、G20、世界银行（WB）、世界经济论坛（WEF）、金砖国家领导人会晤、亚太经合组织（APEC）、全球移动通信协会（GSMA）等国际组织和平台均通过各种措施，大力推动数字经济发展。

各国数字经济举措频出

美国和欧盟是数字经济倡导者的代表，21 世纪以来已出台诸多政策推动数字经济发展，应对数字经济挑战。如表 1 所示。

表1　　主要国家和地区近年的数字经济战略

国家 / 地区	时间	战略
美国	2015 年 11 月	数字经济议程
	2016 年 12 月	加强国家网络安全——促进数字经济的安全与发展
欧盟	2010 年 5 月	欧洲数字议程
	2015 年 5 月	数字单一市场战略
	2016 年 4 月	产业数字化规划
英国	2009 年 6 月	数字英国
	2013 年 6 月	信息经济战略
	2015 年 2 月	英国 2015—2018 年数字经济战略
	2017 年 3 月	数字化战略
	2017 年 5 月	《数字经济法案》正式成为生效法律
德国	2010 年 11 月	数字德国 2015
	2014 年 8 月	数字议程（2014—2017）
	2016 年 3 月	数字战略 2025
法国	2008 年 10 月	2012 数字法国计划
	2011 年 12 月	数字法国 2020
	2013 年 2 月	数字化路线图
俄罗斯	2017 年 7 月	俄罗斯联邦数字经济规划
捷克	2013 年	Digital Czech Republic v. 2.0–The Way to the Digital Economy

续表

国家 / 地区	时间	战略
澳大利亚	2004 年 7 月	信息时代的机遇和挑战：2004—2006 年澳大利亚走向信息经济的战略框架
	2011 年 5 月	国家数字经济战略
	2016 年 10 月	澳大利亚数字经济升级
印度	2015 年 7 月	数字印度

数据来源：腾讯研究院，2017年10月。

2017 年，各国数字经济举措更是频出，以英国和俄罗斯最具代表性。

英国是欧洲数字经济的领导者。2017 年 3 月，英国发布《数字化战略》；5 月，《数字经济法案》正式成为生效法律。英国数字工作主要由文化、传媒和体育部（DCMS）承担，近年来这方面的工作越来越多，占到其全部工作量的一半。基于此，2017 年 7 月 DCMS 的名称中新加了数字部门，更名为数字、文化、传媒和体育部（Department for Digital, Culture, Media and Sport）。

作为数字经济的后发国家，俄罗斯自 2016 年开始日益重视数字经济发展。总统普京曾在多个场合表达了对数字经济的厚望。2016 年 12 月，普京在国情咨文中宣布：俄将向数字经济过渡。2017 年 6 月，普京公开表示："发展数字经济，是俄罗斯经济领域第一要务。" 2017 年 7 月，数字经济被列入俄罗斯联邦 2018 ～ 2025 年主要战略发展方向目录，随后俄罗斯政府正式批准《俄罗斯联邦数字经济规划》。8 月，成立隶属政府信息技术运用委员会（由总理梅德韦杰夫负责）的数字经济分委员会，负责数字经济规划的落实。

中央网信领导小组的成立开启我国数字经济新篇章

我国十分重视数字技术对经济社会的促进引领作用，早在1993年就启动了金卡、金桥、金关等重大工程，同年成立国家经济信息化联席会议，确立了以信息化带动产业发展的指导思想。然而，长期以来在具体工作推进中较多采用了金字工程、信息产业、信息化、两化融合、电子商务、“互联网+”、大数据等概念。当前，我国大力发展新经济、积极培育新动能，更加重视从经济视角研究数字化问题。数字经济的概念应运而生，成为统领网络信息技术相关领域各项工作的总称。

2014年2月27日，中央网络安全和信息化领导小组成立。以此为标志，数字经济开始成为我国的重要工作，开启了发展新篇章。在其后的两年半时间内，在正式采用“数字经济”之前，我国更多采用了“信息经济”的提法。2014年2月中央网络安全和信息化领导小组第一次会议、2016年4月19日网络安全和信息化工作座谈会采用的就是“信息经济”；2016年春节前后中央网信办“小三定”方案确定，信息化发展局下设信息经济处来主抓数字经济工作，其主推的示范区也被命名为“国家信息经济示范区”。

2016年9月G20杭州峰会对“数字经济”进行了着重强

调，之后我国开始在官方文件和重大场合采用数字经济的提法。世界经济论坛2017年年会、“一带一路”国际合作高峰论坛、G20汉堡峰会、金砖国家领导人会晤等国际重要会议，以及2016年10月9日中央政治局第36次集体学习、2017年10月18日的十九大报告等中央重要会议均对数字经济予以强调。

信息化成为国家战略已有20年的历史，相关工作具有扎实的理论基础和充分的组织保障，采用“信息经济”的提法作为过渡顺理成章，也有利于工作有序开展。与信息经济相比，数字经济更能反映这一新的经济形态的本质属性和时代特征。知识和信息之所以爆发增长，成为推动经济发展的关键生产要素，其根本原因在于数字化；经济发展愈加体现出不同于以往工业经济的特征和规律，其根本原因也在于数字化。另外，数字经济还是国际通用叫法，采用数字经济有利于与世界各国的交流合作，这也是2015年12月第二届世界互联网大会采用“数字经济”提法的重要原因。

数字经济是融合性经济

数字经济是一个不断发展、与时俱进的概念。提出20多年来，其内涵不断丰富，当前正处于快速发展、全面融合的阶段。这决定了数字经济具有高度复杂性和不断演进的特征。准确描述数字经济是一项重大挑战，人们对数字经济的理解纷繁多样。

不同发展阶段的国家往往会从不同的着力点推动数字经济发展，如电信基础设施、ICT 技术、电子商务、互联网经济、数字内容、工业 4.0 等，都是各国不同的强调内容。

根据 2016 年 G20 杭州峰会发布的《二十国集团数字经济发展与合作倡议》，数字经济是指以使用数字化的知识和信息作为关键生产要素、以现代信息网络作为重要载体、以信息通信技术的有效使用作为效率提升和经济结构优化的重要推动力的一系列经济活动。此定义十分精辟地阐明了数字经济的核心特征，得到比较广泛的认可。对数字经济的外延，我国把数字经济分为数字产业化和产业数字化两部分。

• 数字产业化，也称为数字经济基础部分，即信息产业，具体业态包括电子信息制造业、信息通信业、软件服务业等。

• 产业数字化，即国民经济各行各业由于数字技术应用而带来的产出增加和效率提升，也称为数字经济融合部分。

根据信通院的测算结果，我国产业数字化占比呈不断提升趋势，已由 2005 年的 49% 提升至 2018 年的 79.5%，融合部分早已成为数字经济的主体。因此，数字经济是一种融合性经济。其价值主要体现在赋能，即数字技术赋能传统行业，促进高质量发展。数字经济与军民融合、两化融合、城乡融合、产教融合、传统媒体和新兴媒体融合、两岸融合发展等重大战略，成为指导我国经济社会各方面工作的重要命题，成为破解“发展不平衡不充分”的必由之路。

数字经济在国民经济中的地位也不断提升，2018 年占 GDP 的比重已达 34.8%。随着数字经济占比的不断提升，“数字经济日渐成为经济本身”（OECD，2015）。

数字经济的主体属于实体经济

因互联网具有匿名性、虚拟性，这会给人们一种错觉——互联网是虚拟经济。实际上，这两个“虚拟”在英文中不是同一个单词。互联网的“虚拟”是指 Virtual，而虚拟经济的“虚拟”是 Fictitious。

与虚拟经济（Fictitious economy）相对应的概念是实体经济（Real economy）。两者的区别在于价格形成机制不同、价格决定因素不同。实体经济主要以成本为基础定价。虚拟经济的价格主要取决于人们的心理预期变化，其运行特征具有内在的波动性，主要包括金融、房地产、博彩、收藏等行业。17 世纪荷兰郁金香事件就是虚拟经济内在波动性的鲜活例子。因此，互联网有属于实体经济的部分（如电商、共享单车、在线音乐、视频等），也有属于虚拟经济的部分（如互联网金融）。

互联网是数字经济中最为活跃的元素。与互联网的情况类似，数字经济也常被某些人误解为虚拟经济。实际上，数字经济是比特的经济贡献，它与实体经济、虚拟经济不是同一维度的概念。比特对实体经济的贡献，属于实体经济；比特对虚拟经济的贡献，属于虚拟经济。因此，数字经济有属于实体经济的部分，也有属于虚拟经济的部分。

实体经济是国民经济的主体，发展和壮大实体经济是我国的国策，正如十九大报告所要求的“必须把发展经济的着力点放在实体经济上”。数字技术的发展为实体经济转型升级和高质量发展提供了技术条件。在历次重要会议上强调的“推动互联网、大数据、人工智能和实体经济深度融合”，就是推动关键的数字技术和实体经济深度融合。融合的产物就是“数字化的实体经济”，它是数字经济主要的组成部分。因此，数字经济的主体属于实体经济。面向未来，我们要坚持融合发展观，做大做强数字经济，大力推动数字技术和实体经济的深度融合。

数字经济是一种新的经济形态

数字经济是继农业经济、工业经济之后的一种新的经济形态，是数字革命的产业化和市场化。它以数字化丰富要素供给，以网络化提高配置效率，以智能化提升产出效能，已成为转型升级、高质量发展的重要驱动力，也是全球新一轮产业竞争的制高点。

数字经济之新，主要体现在新的通用目的技术、新的基础设施、新的生产要素、新的生产方式、新的发展速度、新的全球化、新的公民素养等七个方面。如表 1 所示。

表1　　数字经济是一种新的经济形态

经济形态	新的通用目的技术	新的基础设施		新的生产要素	新的生产方式	新的发展速度	新的全球化	新的公民素养
		类型	运输对象					
农业经济	NA	NA	NA	土地、劳动	NA	缓慢	NA	NA

原题《正确认识和挖掘数字经济价值》，作者闫德利，发表于《行政改革内参》，2019年第3期。

续表

<table>
<tr><th colspan="2" rowspan="2">经济形态</th><th rowspan="2">新的通用目的技术</th><th colspan="2">新的基础设施</th><th rowspan="2">新的生产要素</th><th rowspan="2">新的生产方式</th><th rowspan="2">新的发展速度</th><th rowspan="2">新的全球化</th><th rowspan="2">新的公民素养</th></tr>
<tr><th>类型</th><th>运输对象</th></tr>
<tr><td rowspan="2">工业经济</td><td>第一次工业革命</td><td>蒸汽机</td><td rowspan="2">交通运输、管道运输、电网</td><td rowspan="2">物质能量</td><td>资本</td><td>单件小批生产</td><td rowspan="2">线性增长</td><td rowspan="2">货物、资本、人</td><td rowspan="2">读、写、算</td></tr>
<tr><td>第二次工业革命</td><td>电力、内燃机</td><td>企业家才能</td><td>大规模生产</td></tr>
<tr><td colspan="2">数字经济</td><td>数字技术</td><td>信息网络系统</td><td>信息</td><td>数据</td><td>大规模定制</td><td>指数增长</td><td>数据</td><td>数字素养</td></tr>
</table>

资料来源：腾讯研究院，2018年6月。

数字技术是新的通用目的技术

技术进步是经济增长的源泉。有一类技术至关重要，它是推进经济长期增长的关键，对人类经济社会转型产生深远影响。经济学家称之为通用目的技术（General Purpose Technology）。Bresnahan 和 Trajtenberg（1995）认为，通用目的技术具有三个基本特性。

- 普遍性（Pervasiveness），该技术普遍存在并扩散到大多数部门。

• 持续改进（Improvement），随着时间的推移，该技术能不断得到改进，并持续降低人们的使用成本。

• 催生创新（Innovation spawning），该技术使发明和生产新产品变得更加容易。

经济学家 Richard Lipsey 和 Kenneth Carlaw 在《经济转型：通用技术和长期经济增长》中指出，有史以来只有 24 种技术可归为真正的通用目的技术。驱动第一次工业革命的蒸汽机，以及驱动第二次工业革命的电力和内燃机，是历史上最典型的、最重要的通用目的技术。英国历史学家伊恩·莫里斯在《西方将主宰多久》中指出："蒸汽机使得整个世界早期发展历史的所有剧本都显得拙劣无比。"这生动鲜活地说明了蒸汽机这种通用目的技术的重要作用。

当前，数字技术蓬勃发展，是数字革命的核心驱动力，是最新的、最重要的通用目的技术。数字技术曾以计算机和互联网为典型代表，目前已从过去的单点突破进入多技术协同推进、群体性演变的爆发期，呈现出扩散速度加快、迭代周期缩短的特点。其中，云计算、大数据和人工智能是当前数字技术的典型代表，腾讯公司马化腾先生（2016 年）指出："未来就是在云端用人工智能处理大数据。"

数字技术的交叉融合、深度融合特征更加明显，并快速向各领域拓展。比如，数字技术与制造、能源、交通等各行业相结合，带动了智能制造、智能电网、智慧交通的迅速增长。脑科学与数理、信息等学科领域的结合，正在催生脑机交互技术，将极大带动人工智能、复杂网络技术发展。可以预见，基于数字技术衍生的具有良好发展前景的各种新技术将层出不穷，并在历次科技革命基础上向更高水平发展。

信息网络系统成为新的基础设施

客观世界是由物质、能量和信息三大要素构成。基础设施就是用来传输这三大要素的社会系统，它主要由通道和节点组成。基础设施具有基础性、先导性和公共性的基本特征，对国民经济发展至关重要。

在工业经济时代，物质和能量是主要的传输对象，基础设施主要有交通运输、管道运输和电网三大类型。通俗来说，传统基础设施是以“铁公机”和“水电气”为代表的物理基础设施。

随着数字技术的发展，信息（或者说“比特”）成为重要的传输对象。作为传输信息的通道，通信网络是数字世界的“高速公路”，成为越来越重要的基础设施。正如高速公路系统不仅由公路组成，还包括车站和调度系统等，信息的聚合和分析处理与信息传输密切相关、相互配套。因此，存储能力、计算能力与传输能力一道共同构成了信息网络系统，成为新的基础设施。如表 2 所示。

表2　　基础设施的主要类型

基础设施类型	运输对象	通道	节点
交通运输	汽车、自行车	公路	汽车站、桥梁
	火车	铁路	火车站、桥梁
	飞机	空域	机场
	轮船	江河湖海	码头
管道运输	水	水管	自来水厂
	热力	热力管道	供热中心
	燃气	燃气管道	制气站
	原油、成品油	输油管	炼油厂、加油站
电网	电	电网	发电厂、变电站
信息网络系统	信息	通信网络	存储系统、计算能力

资料来源：腾讯研究院，2018年6月。

传统物理基础设施也在加快数字化升级，如智能电网、安装传感器的高速公路等，它们成为具有数字化组件的混合基础设施，具有了更高的数字化和智能化水平。总之，信息网络系统和物理基础设施的数字化改造，共同构成了数字世界的基础设施，成为数字经济发展的基石。

数据成为新的生产要素

生产要素是人们从事商品和劳务生产所必备的基本资源，是推动经济发展、社会进步的基本元素。生产要素是一个历史范畴，在不同的历史阶段有着不同的构成、不同的作用机理。

生产要素的历史演进

在长达数千年的农业社会，经济发展的决定因素是土地和劳动。正如英国古典政治经济学创始人威廉·配第的经典名言："土地为财富之母，而劳动则为财富之父和能动的要素。"

18 世纪 60 年代，以蒸汽机的改良为标志，第一次工业革命在英国发生。工业革命是以机器取代人力、以工厂化生产取代个体工场手工生产的一场技术革命，人类社会从此进入工业时代。机器设备这一物质资本成为决定经济社会发展的第一生产要素。

19 世纪下半叶，以电气化为基本特征的第二次工业革命在德、美两国率先发生。资本作用进一步强化的同时，资本所有权与经营权日益分离，企业家从劳动大军中脱颖而出，成为一个新的群体，即"经理革命"。企业家才能开始成为独立的生产要素。

"构建以数据为关键要素的数字经济"

20 世纪 90 年代开始，数字技术蓬勃发展，数字革命开始兴起，数字技术与经济社会以前所未有的广度和深度交汇融合，人类社会正在被网络化连接、数据化描绘、融合化发展。在这一进程中，人们获取知识、应用知识的能力大大提高，信息和数据的总量迅猛增加。根据联合国贸易和发展会议（UNCTAD）《2017 年信息经济报告》，预计到 2019 年全球数据流量将在 2005 年的基础上增长 66 倍。数据的充分挖掘和有效利用，优化了资源配置和使用效率，提高了资源、资本、人才全要素生产率，极大改变了人们的生产、生活和消费模式，推动了诸多领域重大而深刻的变革，对经济发展、社会生活和国家治理产生着越来越重要的作用。数据成为重要的基础性战略资源，成为数字经济时代的“石油”。

“要构建以数据为关键要素的数字经济。”①《二十国集团数字经济发展与合作倡议》指出，“数字化的知识和信息作为关键生产要素”，推动人类社会进入全新的数字经济时代。如表 3 所示。

表3　　不同历史阶段的生产要素

历史阶段		生产要素	代表人物 / 事件
农业时代		土地、劳动	威廉·配第、庞巴维克
工业时代	第一次工业革命	土地、劳动、**资本**	萨伊、约翰·穆勒
	第二次工业革命	土地、劳动、资本、**企业家才能**	马歇尔
数字时代		土地、劳动、资本、企业家才能、**数据**	G20 杭州峰会

资料来源：腾讯研究院，2018年6月。

生产要素的五元论

1890 年，马歇尔在《经济学原理》一书中提出了生产要素四元论——土地、劳动、资本和企业家才能。即在生产中，地主提供土地，获得地租；工人提供劳动，获得工资；资本家

① 《习近平主持中共中央政治局第二次集体学习并讲话》，新华社，http://www.gov.cn/xinwen/2017-12/09/content_5245520.htm，2017年12月9日。

提供资本，获得利息；企业家提供企业家才能，获得利润。这个“四位一体”公式概括了西方经济学生产理论和分配理论的中心，在长达一个世纪的时间里被人们普遍接受。现在，数据成为新的生产要素，突破了生产要素的四元论，我们可称之为“五元论”。预计未来数据所有者将成为一个新的社会群体，参与到生产分配过程中。如表 4 所示。

表4　　生产要素的五元论

生产要素	提供方	回报
土地	地主	地租
劳动	工人	工资
资本	资本家	利息
企业家才能	企业家	利润
数据	数据所有者	NA

资料来源：腾讯研究院，2018年6月。

大规模定制成为新的生产方式

流水线是 20 世纪最主流的生产方式，它由亨利·福特于 1913 年发明，并成功应用于汽车生产作业。流水线生产最主要精神在于“让某一个生产单位只专注处理某一个片段的工作”，而非传统的让一个生产单位从上游到下游完整完成一个产品。流水线生产方式也被称为“福特制”，是大规模生产的代名词，也是第二次工业革命的重要标志。流水线作业降低了对工人技能的要求，专业化分工提高了生产效率，标准化零部件生产产生了规模经济，迅速取代了单件小批生产的“工厂制”。

长期以来，高效率和个性化是生产制造中的一对难以调和的矛盾。流水线作业通过牺牲个性化来提高效率，促进了20世纪工业文明的蓬勃发展。正如福特的经典名言：“顾客可以选用他所喜欢的任何一种颜色，只要它是黑色。”进入21世纪，物质财富极大丰富，人们更加追求个性化产品。而数字技术的发展，使同时实现高效率和个性化具备了可能。大规模定制（Mass Customization）成为数字经济时代的制造范式。大规模定制是以大规模生产的成本和效率，为客户提供多样化和定制化的产品和服务。正如青岛红领集团董事长张代理所言：“我们采用工业化的手段和效率制造个性化产品。”其产业组织方式呈现向模块化、网络化和生态化发展，研发、设计的社会化参与特征明显。

数字经济时代，除必要的实物生产资料和产品外，生产组织中的各环节可被无限细分，从而使生产方式呈现出社会化生产的重要特征。借助丰富的产品设计程序和模板，搭配社区网络媒体的扩散效应以及用户之间的互动机制，创新者转变为制造者的成本迅速降低。工厂化生产开始转向社会化生产。如表5所示。

表5　不同生产方式的历史演进

工业革命	组织制度	生产方式	主要特征
第一次工业革命	工厂制	单件小批生产	丰富的产品多样性； 单件或者小批生产； 高技能的工人
第二次工业革命	福特制	大规模生产	有限的产品种类； 大批量的产品数量； 相对低技能但高熟练度的工人

续表

工业革命	组织制度	生产方式	主要特征
数字革命	社会化生产	大规模定制	产品满足个性化需求；生产系统本身可以重构；用人员的技能弥补机器的不足

资料来源：腾讯研究院，2018年6月。

持续的指数增长谱写新的发展速度

新石器时代历经一万年的漫长演进才进入青铜时代，又经4000年的发展方迈入铁器时代，3000年后迎来工业时代。二百年的工业文明已使世界发生翻天覆地的变化，现在又进入数字时代，人们迎来一股更加波澜壮阔的发展浪潮。

经济社会发展不断提速

在工业时代，电、电话、收音机和电视机在美国的普及应用分别用了46年、35年、31年和26年。数字时代，PC、移动电话、互联网、社会化媒体的普及仅分别用了16年、13年、7年和5年，技术普及速度越来越快。如图1所示。

数字技术一日千里，数字产品则是日新月异。QQ同时在线用户数达到1亿用了11年，新浪微博日活跃用户数达到1亿用了6年，微信用户数达到1亿用了433天，摩拜单车日订单量突破 2000 万仅用 1 年。新的数字技术和数字服务，以摧枯拉朽之势重构着传统产业链，不断创造新的发展神话。

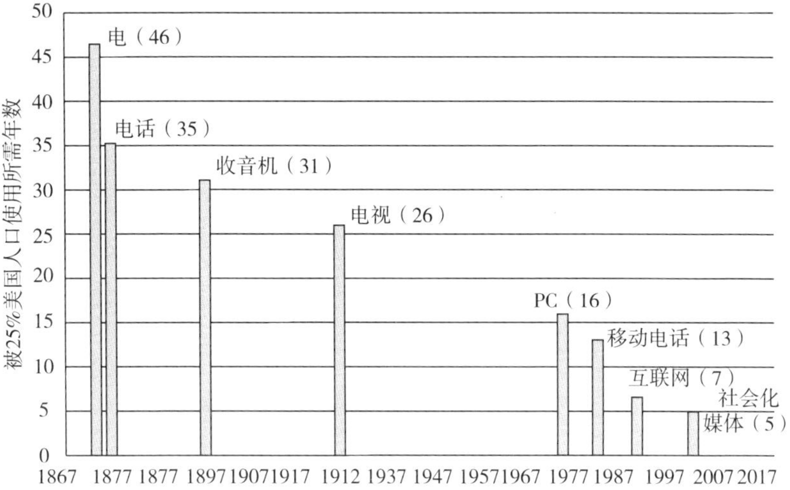

图 1　技术普及速度不断加快（以美国 1867 ~ 2017 年为例）

资料来源：KPCB，2017年5月。

《共产党宣言》指出："资产阶级在它不到一百年的阶级统治中所创造的生产力，比过去一切时代创造的全部生产力还要多，还要大。"以此形容工业革命对生产力的巨大推动作用。时至今日，这句话用来形容数字革命也十分贴切。在摩尔定律的驱动下，技术进步由线性增长进入指数增长，人类社会呈加速发展状态。

摩尔定律驱动数字技术指数增长

摩尔定律是数字时代的核心准则。按照最初"每年成倍增长”的表述，用一美元买到的计算能力每年都要翻倍：我们把用 1 美元在 1965 年买到的计算能力作为基数 1，那么十年后买到的计算能力是 2^{10}=1024；三十年后，1995 年是 2^{30}=10.7 亿，大大超出了人们的感知；2018 年则是 2^{53}=9 007 199 254 740 992，难以计数。

与牛顿运动定律、热力学定律等客观存在、不以人的意志为转移的物理学定律不同，摩尔定律描述的是计算机科学家和工程师的工作，是人们付出努力所带来的持续进步。因此，与其说是定律，不如说是经验法则或者预言。

半个世纪来，不断有人预测摩尔定律即将走向终点。但人们总能突破物理极限，至今摩尔定律仍然充满活力。就连摩尔本人也曾犯过保守的错误——摩尔定律不仅仅持续了最初预测的 10 年。人们通过不懈的技术改进和创新，“每隔一段时间就成倍增长”的趋势远不到尽头，甚至在数字技术其他领域和基因排序等方面也已显现。根据 OpenAI 在 2018 年 5 月发布的《AI 与计算》报告，从 2012 年开始人工智能训练所用的计算量呈现指数增长，平均每 3.43 个月便会翻倍。自 2012 年以来，AI 算力增长了超过 30 万倍，增长速度甚至大大超越了摩尔定律。也有人提出加速回报定律等类似逻辑的定律，以解释这个发展加速的时代。

然而，人们很难理解这种持续不断的指数增长，尤其是会严重低估最后数据的规模。正如美国科罗拉多大学物理学教授阿尔伯特·巴特利特所言：“人类最大的缺点是无法理解指数函数。”我们依然倾向于低估即将到来的一切，我们要真正发自内心地理解这个指数型技术增长的世界。

跨境数据流动赋予全球化新的内涵

全球化是目前各国争论的焦点，也是全球热点。中国提出“一带一路”倡议，发起成立上海合作组织，不断完善金砖国家领导人会晤机制，倡议设立亚洲基础设施投资银行，积极重塑21世纪的全球化。而另一方面，“逆全球化”思潮暗流涌动，贸易保护主义和单边主义明显抬头。英国“脱欧”、美国“退群”、中美贸易摩擦、美欧贸易争端……一系列重大事件引发市场对经济逆全球化风险担忧。然而，不管人们对全球化的态度和认识如何，一个不可改变的事实是——随着数字经济的发展，全球化的内涵已发生了重要变化。

全球化曾以跨境贸易和金融活动为主要衡量标准。经过20年的快速增长，2007年商品、服务和金融的跨境流动占全球GDP的比重达到53%，创历史最高纪录。此后这种快速扩张就基本停止，商品贸易的增长趋于平缓，服务贸易缓慢增长，金融流动急剧下降。如图2所示。

然而，这并不表明全球化进程已经终止。随着数字经济的快速发展，全球化的内容和形式发生了重大变化——数字化与全球化日益融合，跨境数据流动成为全球化的新特征，赋予全球化新的内涵。近年来，涉及信息、搜索、图像、视频和商业的数字流一直在激增，不断深化其在全球经济中的参与度。根据麦肯锡数据，在 2005 ~ 2014 年的十年时间内，跨境宽带流量增长了 45 倍，预计在 2015 ~ 2019 年的五年内还将增长 9 倍。

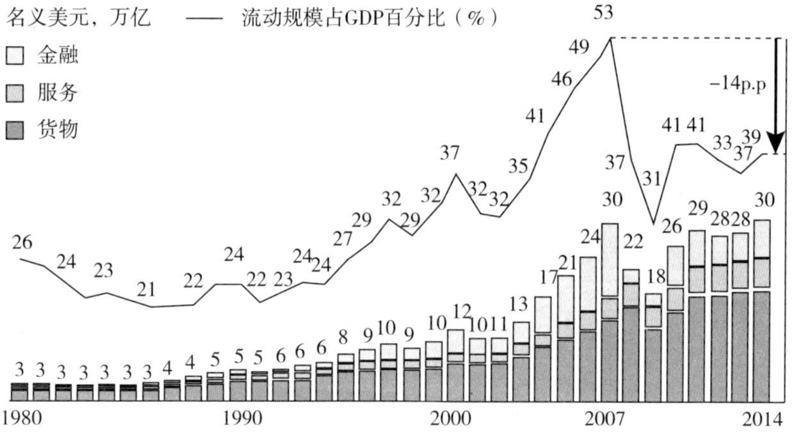

图 2　1980 ~ 2014 年全球货物、服务和金融流动规模

资料来源：UNCTAD; IMF Balance of Payments; World Bank; McKinsey Global Institute analysis。

数据流动极大促进了经济增长。根据麦肯锡数据，2014 年货物、外商直接投资、人员和数据的跨境流动对全球 GDP 的贡献为 7.8 万亿美元。其中，数据流创造的价值为 2.8 万亿美元，占总值的 36%，超过商品贸易。在短短的 15 年间，跨境数据流从几乎可以忽略不计增长至此，实在令人惊叹。哈佛商业评论对此作了精辟总结：“全球化更多关乎数据而更少关乎物品。”

数字素养成为公民的基本素质要求

在工业社会，基于纸笔工具的“读、写、算”三方面的能力被公认为人们的必备技能。在数字时代，知识经济成为社会财富的主要增长形式，数字素养成为对劳动者的基本要求。运用互联网获取、甄别、处理及发布信息的能力，进行购物、支付、理财、预订、出行、外卖等各种便利生活的商务活动能力，听音乐、看视频、玩游戏等各种娱乐活动能力，沟通互动等社交活动能力，以及利用数字技术提高工作效率、学习效果乃至改善生产经营活动的能力，成为社会对公民素质的基本要求。

世界主要国家十分重视公民数字素养的培育。美国把数字素养作为“21 世纪技能”中三大必备技能之一；欧盟将数字素养作为公民核心素养予以强调，提出了包含 5 个素养域的数字素养框架。

- 信息域（Information），即识别、定位、检索、存储、组织和分析数字信息，判断信息相关性的能力。

- 交流域（Communication），即通过网络数字工具共享资源、与他人进行交流合作，参与网络社区互动，具有跨文化意识，简言之为数字环境中交流的能力。

- 内容创建域（Content Creation），即从文字处理到图形图像、视频等的创建和编辑新内容的能力，重新整合先前知识和内容，产生信息的创意式表达以及媒体输出和编程，并合理应用知识产权的能力。

- 安全意识域（Safety），即个人防护、数据维护、数字身份保护、安全措施、可持续利用的能力。
- 问题解决域（Problem Solving），即确定数字信息需求，根据需要选择最合适的数字工具，通过数字化手段解决问题，创新性使用技术，并能解决技术问题。

结语："我们仍处于数字经济的早期阶段"

数字经济是一种新的经济形态。最近三十年，人类世界已被数字经济极大改变。长远来看，我们还处于数字文明的初级阶段，未来将会有更多产品"连上网""接入云"，而真正伟大的产品还没有出现。联合国秘书长古特雷斯在联合国贸发会议（UNCTAD）《2017年信息经济报告》序言中开宗明义地指出："我们仍处于数字经济的早期阶段。"中国工程院李国杰院士在《人民日报》署名文章中也指出："上世纪90年代发明万维网以后，信息领域虽然不断冒出新的热词，但一直没有出现称得上基本创新的重大发明。""信息技术的前景十分光明，真正伟大的产品还没有出现，信息技术推动经济发展和人类文明进步还有很长的路要走。麦肯锡全球研究所发布的行业分析报告显示，目前只有18%的美国经济发挥出了其所拥有的'数字科技潜力'。有些专家断言，对信息时代而言，人类现在的信息处理能力还只是相当于工业革命的蒸汽机时代。"

对数字经济的未来，未知远大于已知。我们有幸经历并见证一场伟大的数字革命，有幸创造并谱写一个伟大的数字时代。

认识数字经济是一个长期的过程

当今世界，数字化浪潮风起云涌，数字经济方兴未艾。紧抓数字技术蓬勃发展的历史机遇，做大做强数字经济，是全球大势，也是世界共识。作为一种通用目的技术，数字技术几乎能够渗透到经济社会的各个环节，加之本身突飞猛进、日新月异，这决定了数字经济具有高度复杂性和不断演进的特征。准确描述数字经济是一项重大挑战，特别是在行业范围和规模测算两个方面人们的认识差别较大。

数字经济的行业范围

对数字经济的外延，人们的认识差别悬殊。其中，英美俄等国家主要强调数字经济的行业属性，侧重于 ICT 行业、信息

原题《认识数字经济是一个长期的过程》，作者闫德利，发表于《人民邮电报》，2018年8月17日。

产业或数字部门。

英国国家统计局（ONS，2015）认为数字经济包括电子商务（e-commerce/e-business）和支撑基础设施（supporting infrastructure）两部分。其中，支撑基础设施又分为硬件、软件和电信三部分。

美国商务部经济分析局（BEA，2018）认为数字经济主要包括数字使能基础设施（Digital-Enabling Infrastructure）、电子商务（E-Commerce）和数字媒体（Digital Media）三部分。其中，数字使能基础设施分为硬件、软件、电信和相关支持服务四部分。

根据《数字经济指标：2017》，俄罗斯将数字产业理解为信息产业，认为信息产业包括 ICT 产业和数字内容产业两个部分。2015 年 12 月俄罗斯通信与大众传媒部发布了第 515 号命令，ICT 产业被定义为与设备生产、提供服务、ICT 产品进出口、电信业四个领域相关的所有经济活动；数字内容产业被定义为与出版业、影视制作租赁和放映、广播电视、新闻媒体业四个领域相关的经济活动。

英美俄等国对数字经济的界定侧重于具体的经济活动范围，我国则把数字经济界定成一种经济形态。数字经济不再局限于 ICT 等若干产业，还包括其他产业数字化转型的部分。即我国同时强调数字部门和所有行业的数字化，即把数字经济分为数字产业化和产业数字化两部分。

数字经济的规模测算

数字经济的规模测算是一项难题。对数字经济行业范围认识不一，对规模的测算结果自然不同。不同机构在测算结果上的差异，更直观反映出人们对数字经济认识的巨大分歧。

华为和牛津经济研究院的测算结果表明，全球数字经济总值在 2016 年达到 11.5 万亿美元，占总体经济的 15.5%。另据信通院数据，2016 年美国的数字经济规模为 10.8 万亿美元，仅美国一国就几乎达到了全球规模。

美国是全球数字经济的领导者。信通院和美国商务部经济分析局（BEA）分别是中美两国官方机构（或具有官方背景的机构），他们对 2016 年美国数字经济规模的测算差距较大，占 GDP 的比重分别为 58.3% 和 6.5%。

咨询公司埃森哲和麦肯锡对美国 2015 年的数字经济占 GDP 的比重进行了测算，结果分别为 33% 和 10.9%，两者差距十分明显。如表 1 所示。

表1　　不同机构对美国数字经济规模占GDP比重的测算

机构	规模（万亿美元）	占 GDP 的比重（%）	年度
中国信通院	10.8	58.3	2016
美国商务部经济分析局（BEA）	1.2	6.5	2016
埃森哲	5.9	33	2015
麦肯锡	NA	10.9	2015

数据来源：腾讯研究院整理，2018年6月。

对 2017 年我国数字经济规模，以信通院、腾讯研究院、赛迪和 IDC（与微软联合）四方的测算影响较大。根据测算结果的大小，可分为两个档次。

- 高比重：信通院和腾讯研究院的结果比较接近，数字经济规模分别为 27.2 亿元和 26.7 亿元，占 GDP 的比重分别为 32.9% 和 32.28%。
- 低比重：赛迪和 IDC（与微软联合）的结果相近，数字经济规模占 GDP 的比重分别为 7.4% 和 7%。

波士顿咨询、埃森哲和麦肯锡三家咨询公司对 2015 年我国数字经济的规模做过研究，占 GDP 的比例分别为 13%、10.5% 和 10%，结果相近。与 2017 年的测算相比，如按同样的方法，考虑到成长性，这三家公司的测算结果将介于“高比重”和“低比重”之间，可归为“中比重”。如表 2 所示。

表2　　不同机构对我国数字经济规模的测算

机构	数字经济规模（万亿元 RMB）	占 GDP 的比重（%）	年度
信通院	27.2	32.9	2017
腾讯研究院	26.7	32.28	2017
工信部赛迪研究院、赛迪顾问	6.1	7.4	2017
IDC、微软	NA	7	2017
波士顿咨询	1.4 万亿美元	13	2015
埃森哲	NA	10.5	2015
麦肯锡	NA	10	2015

数据来源：腾讯研究院整理，2018年6月。

爱因斯坦最伟大的一项科学发现是光速不变定律，即不管在何时、何处、通过什么方式或者由谁来测量，光速在真空中都是恒定不变的。而人们对数字经济规模的测算却呈现出数量级程度的差异。其原因不仅在于测算口径和测算方法的不同，更反映出人们对数字经济认识的巨大差异。

自 1995 年首次提出“数字经济”术语来，数字经济的内涵随着数字技术的创新突破而不断发展、不断深化。数字经济是一种新生事物，也是一个动态发展的概念。认识数字经济是一个长期的过程，只有起点，没有终点。

第二篇

数字经济：经济发展新方位

“世界经济加速向以网络信息技术产业为重要内容的经济活动转变”，我国数字经济后发先至，总体规模居世界第二位，开启了中国经济发展新方位。加快发展数字经济意义重大，对促进实体经济转型升级，改善民生、增进福祉，以及促进国家治理现代化均有重要作用。但机遇与挑战并存，“我们要从促进人类发展和维护世界和平的高度”，促进数字化转型正向价值的发挥。

数字经济开启中国经济发展新方位

世界经济加速向以网络信息技术产业为主要内容的数字经济活动转变，以互联网为代表的数字技术正在加速与经济社会各领域深度融合，已经成为引领经济社会发展的先导力量。世界主要国家都把发展数字经济作为后金融危机时代推动经济社会转型、培育经济新动能、构筑竞争新优势的重要抓手。当前我国经济发展步入新常态，面临经济增长速度换挡期、结构调整阵痛期、前期刺激政策消化期“三期叠加”矛盾，大力发展数字经济，加快网络基础设施建设、推进互联网和经济社会各领域融合创新、提升网信科技自主创新能力、加强网络空间安全保障，将有助于推进我国加快转变经济发展方式，主动引领经济新常态，培育经济发展新动能，推进经济可持续发展，抢占发展战略制高点，提升国际综合竞争力，开启经济发展新方位。

原题《数字经济开启中国经济发展新方位》，作者陆峰、司晓、闫德利、刘琼，发表于《互联网天地》，2017年第5期。

加速经济社会信息高速流动

数字化基础设施的普及应用加速了经济社会信息高速流动，信息流带动技术流、资金流、人才流、物资流，促进资源配置优化和全要素生产率提升。

高速宽带网络等数字化基础设施的普及应用，正在引领着以网络技术为主要代表的新一代信息通信技术快速发展，移动互联网、云计算、大数据、物联网等信息技术成为引领经济社会创新发展的先导力量。移动互联网的发展从根本摆脱了固定互联网限制和束缚，极大地拓展了互联网应用场景，促进了移动通信技术与经济社会广泛深度融合应用，涌现出了丰富多彩的移动应用，促进移动应用业态的广泛创新。云计算技术的普及应用，改变了 IT 设施的投资、建设和运维模式，降低了 IT 设施建设和运维成本，缩短了 IT 设施建设周期，提升了 IT 设施承载能力，促进了经济和社会各领域信息化建设。大数据技术推广和应用，释放了数据资源的红利，促进了产业发展、社会治理和民生服务等各领域模式创新，优化了资源配置，提高了运行决策预见性。物联网的推广和应用，提高了对经济社会运行的实时感知、在线监测和精准控制能力，促进经济社会精细、精准、高效运行。

高速宽带网络等数字化基础设施的普及应用，正在引领着以电子商务为主要载体的社会资金流网络周转体系的快速形成，移动支付、扫码支付、近场支付等电子支付模式成为拓展网络经济新空间的先行应用支撑。电子支付弥补了网络交易简单信息撮合的不足，促成了网络交易整个闭环的形成，实现了电子商务交易双方信息流、资金流和物资流的同步，大大促进了电子商务发展。电子支付创新了线上线下支付结算模式，微信、支付宝、苹果支付等的扫码支付、近场支付、红包支付模式大大拓展了电子支付应用场景，简化支付结算手续，提高了商贸交易速度。电子支付促进了交易资金快速流动，实现小额资金快速周转和计算，提高了资金运转效率，成为推动商业发展的重要加速器。

高速宽带网络等数字化基础设施的普及应用，促进了移动互联网、云计算、大数据、物联网在物流运输中的广泛应用，引领着以智能物流为主要特征的现代智能交通物流运输网的发展，第三方、第四方、网络众包等多种形式物流信息服务成为经济线上线下融合创新发展的重要基础支撑。移动互联网、物联网等技术的发展让物流运输如虎添翼，实现了物流过程的泛在感知和精准控制，大大提高了物流作业效率。网络平台技术的发展弥补了物流信息的不对称，降低了物流运输的盲目性，实现物流信息的有效撮合，促进了物流运输货物、车辆、仓库和工人的高效利用。云计算、大数据、人工智能等技术的发展，提高了物流运输数据决策效率，促进物流决策的智能化。

高速宽带网络等数字化基础设施的普及应用，促进了互联网广泛应用，提高了互联网普及率，引领着以融合应用为主要特征互联网跨界融合人才快速成长，为发展网络经济提供了丰富的智力支撑。电子商务、网络社交、网上娱乐、网络约车、网络外卖等互联网服务的发展，培育了大众的网络消费习惯，促进了消费互联网人才培养，为推动经济向网络经济转型奠定了用户基础。智能制造、智能物流、智能管网等产业互联网服务的发展，提高产业工人互联网应用技能，培育了产业互联网发展人才，为推进产业互联网化转型奠定了产业工人基础。移动互联网、云计算、大数据、物联网、网络安全等互联网关键技术的研发和应用，培育一大批互联网关键技术创新应用人才，为推进互联网和实体经济融合提供了坚强的技术保障。

促进经济全面转型升级

数字经济迅猛发展促进了经济全面转型升级，经济发展新动能孕育而生，创新、协调、绿色、共享、开放成为经济发展新特征。

以互联网跨界融合应用为特征的数字经济的发展，促进了中国经济全面创新发展，经济发展新动能正在孕育而生，创新驱动发展的时代正在全面开启。互联网促进了企业组织创新模式，网络化、平台化、众包化的新型企业组织模式正在极大挖掘人的智慧和潜能，企业发展凭借的人口红利正在从人口数量红利向人口智慧优化组合利用红利加速转变。互联网促进了企业服务模式创新，移动服务、精准营销、就近提供、个性定制、线上线下融合等服务创新正在激发和创造新的消费需求，消费拉动经济发展的引擎正在加速驰骋。互联网促进了企业商业模式的创新，组织创新、服务创新和技术创新相互叠加，按需定制、人人参与、体验制造、产销一体、自组织协作、自适应管理等面向未来的企业发展模式正在加速形成。

以互联网跨界融合应用为特征的数字经济的发展，促进了中国经济均衡协调发展，多源驱动经济发展模式正在加速形成，经济发展更加持续均衡。互联网促进了城乡均衡协调发展，正在以洪荒之力打破城乡二元制度藩篱，促进了便捷繁华的商业资源、优质普惠的医疗教育资源、丰富时尚的娱乐社交资源、安全可靠的就业社保资源实现城乡共享，幸福新农村正在焕发农村发展新生机，农民消费需求加速释放。互联网让区域发展更加均衡协调，地区发展“无中生有”成为可能，牵引区域发展的动力正在加速转换，网络平台、服务模式、业态创新正在成为一个地区后发崛起的决定性要素和新的发展动能。互联网促进了人与人之间的均衡协调，网络新空间让各类群体有了平等的发展新空间，背景、关系、资金、技术这些曾经在个人发展道路上的必备要素，在互联网时代正在让位于个体创造性，特权资源和客观原因这些阻碍人发展成长的外在要素正在消失，人的发展潜力正在回归人的才华和智慧，人人皆能创新创业的社会正在全面开启。

以互联网跨界融合应用为特征的数字经济的发展，促进了中国经济绿色低碳发展，集约化的生活生产模式正在形成，绿色 GDP 让经济社会发展更加经济和可持续。互联网促进了绿色生产生活，经济社会运行变得更加经济高效，资源集约节约型的社会正在加速形成。逛街购物、上班办公、旅游出行、网络娱乐等百姓生活皆因互联网应用变得更加绿色和低碳。网络零售不仅降低实体店水电、房租和仓储等消耗，共建物流更是减轻了出行、商场、购物人群拥挤、交通拥堵的弊端。互联网促进了绿色低碳生产，大数据决策、在线监测、远程维护、网络制造等新的在线化、数字化生产方式，让生产资料利用更加集约高效，让生产过程更加节能节电节水，让生产排放更加绿色清洁。

以互联网跨界融合应用为特征的数字经济的发展，促进了中国经济开放合作发展，基于网络平台的新的协作分工体系正在形成，协同创新让创新变得更加高效和富有活力。互联网促进了产业链上下游企业加强开放合作，企业竞争从耗能竞争向合作竞争加速转变，企业发展因生态发展更加稳健。互联网促进了不同行业跨界合作，打破了不同行业发展的组织边界，跨界融合正在塑造新的经济增长点。互联网促进了企业加强国际开放合作，国际合作的国界正在悄然消失，国际人才、技术、资本正在加速流动和融合。

以互联网跨界融合应用为特征的数字经济的发展，促进了中国经济社会共建共享发展，创新要素资源正在加速流动，有力地推动了中国经济转型发展。互联网促进了社会闲置资源的高效共享，提升了资源的社会利用价值。互联网让汽车、停车位、办公室、日用品等社会闲置资源利用实现人人参与、碎片分享、共同受益，改变了大众资源独占的观念，加速了资源所有权和使用权的分离，实现了资源使用权的高效流动，促进了资源的优化配置。

夯实经济发展的产业技术发展支撑

以网信科技为引领的数字技术自主创新能力的全面增强，夯实了经济发展的产业技术发展支撑，信息通信技术和社会智能化应用互为驱动，自主、融合、开放创新成为经济转型发展新主题。

以网信科技为引领的数字技术原始创新，推进了技术自主可控，促进了关键核心技术逐步摆脱国外依赖，夯实了网络经济发展新基石。海思、紫光展锐等企业在芯片设计、封装和测试等领域技术的进步，正在逐步改变我国“工业粮食”严重依赖进口局面，从根本上改变我国核心关键技术长期受制于人的状况，为捍卫网络空间主权提供坚实的保障。华为等企业在移动智能终端、物联网等领域智能终端操作系统的自主创新，为我国抓住新兴领域发展、推进操作系统自主可控探索一条有效路径，奠定了经济社会领域智慧化应用基础支撑。腾讯、阿里、百度等大型互联网企业网络平台数据库的自主创新，以及功能和性能升级跃迁，大大提升了我国在网络经济时代互联网数据管理、挖掘和分析能力，为抢占网络经济发展战略制高点提供根本保障。

以网信科技为引领的数字技术集成创新，推进了技术集成创新应用，培育了丰富多彩的智能应用。移动互联网、云计算、大数据、物联网、北斗等技术综合集成创新，让智能应用具备移动、感知计算、存储、导航等各种功能，提高了应用场景的适应性。信息技术与工业技术集成创新应用，促进了智能工业的发展，软件化、网络化和自动化的智能工业生产模式，培育了网络制造、个性化定制、用户全程参与等新兴制造模式，提升了工业应对经济新常态的能力。信息技术与材料技术集成创新应用，促进了智能材料的发展，具有信息感知、数据反馈、自我修复、环境适应的智能材料，丰富了建筑、医疗、航空、航天、军事等特殊领域应用，解决了特殊领域材料稀缺问题。信息技术与生物技术集成创新应用，促进了信息医学的发展，大型高端的 MRI、CT、PET 以及小型的检验分析仪器、超声等医疗信息设备应用，促进医疗模式变革，显著提高了医院智能诊疗水平。

以网信科技为引领的数字技术开放创新，促进了全球创新资源的汇聚，加快了创新速度。国内外网信企业联合创新模式，为我国利用大国大市场优势，促进了国际网信资源和我国市场资源的互换，为我国企业在网信科技领域实现从全球跟跑、并跑向并跑和领跑转变赢得了时间，赢得了机遇。网信科技通过并购模式等引进创新，有效弥补了我国在网信科技领域的环节短板，缩短了技术原始积累的时间，促进了引进、消化、吸收和再创新。

筑牢数字经济安全发展的保障

网络安全保障能力显著提升筑牢了数字经济安全发展的保

障，网络安全和信息化建设并驾齐驱，夯实了数字经济发展的双基石。

网络安全保障能力提升促进了技术的普遍应用，信息通信技术与经济社会加速融合发展，大大释放了新一代信息通信技术红利。金融、能源、电力、通信、交通等重点行业关键信息基础设施和政务、电商、民生服务等重要领域信息系统的安全平稳运行，有力地带动了经济社会各领域信息化水平大幅提升，为全社会应用创新和业态创新奠定了基础。智能手机、平板电脑、智能家居、可穿戴设备、智能汽车等各类智能终端的安全防护能力的提升，在方便用户生活、带动居民信息化应用水平全面提升的同时，也较好保护了用户各类隐私，让用户用得省心和放心，大大促进了推广普及应用。CAD、ERP、SCM、MES、PLM 等各类企业应用安全运行，保障了企业数字化转型，提升了企业信息化和工业化融合水平，显著提高了企业响应市场速度和满足客户多元化需求的能力。

网络安全保障能力提升维护了网络社会秩序，网络社会规则、秩序和惩戒机制逐步完善，保障了网络经济健康发展。网络安全、数据保护、电子支付、电子签名、网络新闻、移动应用等方面规章制度的完善，有力地充实了依法办网、依法管网、依法治网的法律依据，对网络犯罪起到了严厉的震慑作用，有效地维护了网络空间秩序。网络平台安全自身管理能力和水平的不断提升，平台自律、自治和突发事件应急能力不断增强，大大提升了监管部门间接监管能力，对维护和净化了网络空间环境起到了至关重要的作用。网络联合惩戒机制逐步建立，促进了网络违法犯罪信息的共建共享，为维护网络空间秩序和惩治网络犯罪提供了有效手段，促了网络经济持续健康发展。

网络安全保障能力提升有效维护了网络空间国家主权，提升网络空间经济发展权利，拓展了网络经济发展新空间。网络安全保障能力的提升促进了各类网络应用的飞速发展，不仅拓展了国家网络经济空间边界，壮大了国家网络经济空间，更为企业拓展网络市场提供了广阔舞台。网络安全保障能力提升保障了国家网络经济发展安全，金融、商务、税收、信用、人口、法人等国家重要业务系统的安全稳定运行，为网络经济的平稳运行提供了坚强的保障。

作为世界人口大国和第二大经济体，我国仍处于发展的重要战略机遇期，经济新常态要求我们迫切转变经济发展方式。发展数字经济将从根本上推进我国经济发展方式的转变，以新速度、新方式、新结构、新动力塑造发展更为强劲的中国经济，让中国经济踏上另一个高速发展的新周期，进入一个经济发展新方位，为实现“两个一百年”奋斗目标和中华民族伟大复兴的中国梦提供强大的经济基础保障。

数字经济：互联网是亮点，数字化转型是重点，制造业是主战场

作为一种新的经济形态，数字经济成为经济增长的主要动力源泉，成为转型升级的重要驱动力，也是全球新一轮产业竞争的制高点。我国数字经济后发先至，呈现出了自身的发展特点。

我国数字经济发展后发先至

我国数字经济起步较晚，在很长一段时间内落后于欧美发达国家。根据中国信息化百人会数据，1996 年我国数字经济规模仅为 430 亿美元，是美国的 1/63，日本的 1/23，英国的 1/6。进入 21 世纪，特别是最近十年来，我国数字经济发展加快，实

原题《数字经济：制造业是主战场》，作者闫德利、周子祺，发表于《互联网天地》，2017年第4期。

现了后发赶超、跨越发展。根据腾讯研究院数据，2016 年我国数字经济总体量达到 22.77 万亿元，是仅次于美国的世界第二大数字经济体。在众多细分领域，我国数字经济更是一枝独秀，计算机出货量、手机出货量、网民数量和网络零售额连续多年保持世界第一位，移动互联网领先世界，"双创"发展如火如荼。

我国数字经济发展的"后发先至"效应十分明显，在国民经济中的地位不断提高，占 GDP 的比重也快速提升，2016 年达到 30.61%，相比于 1996 年提升了 25.61 个百分点。但相较于美国、英国和日本等发达国家，数字经济占比仍明显偏低，未来发展空间仍然很大。如图 1 所示。

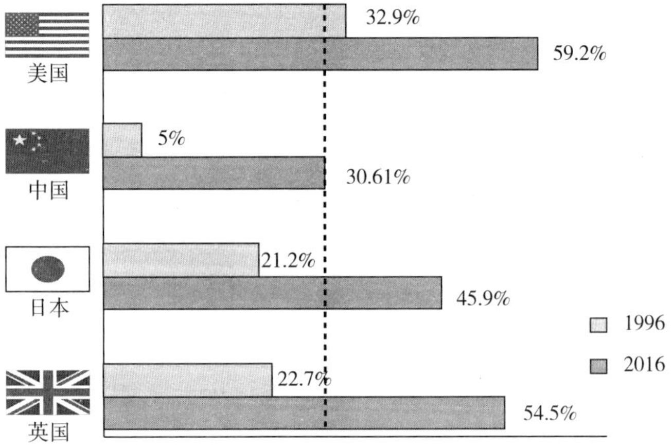

图 1　美、中、日、英数字经济 GDP 占比（以 1996、2016 年为例）

数据来源：腾讯研究院、中国信息化百人会。

互联网是我国数字经济中的最大亮点

互联网是 20 世纪人类最伟大的发明之一，是数字经济中最具活力的元素。受益于人口红利和制度优势，我国互联网发展取得了巨大成就，成为数字经济中的最大亮点。根据 2016 年《G20 国家互联网发展研究报告》，我国互联网经济占 GDP 比重为 6.9%，远高于 G20 发达国家 5.5% 的平均水平，以及发展中国家 4.9% 的平均水平。互联网经济占 GDP 比重综合反映一个国家互联网产业发展的重要指标，互联网经济已经是经济发展的重要动力。

目前，中国和美国一道囊括了世界市值最高的 15 家互联网公司。其中，腾讯、阿里巴巴、百度三家位居前十位，京东、网易、携程三家位居前十五位。如表 1 所示。

表1　　全球互联网公司市值前15强（2017年5月初）

排名	公司	国家	市值（$B）
1	Alphabet	美国	$631.0
2	Amazon.com	美国	453.2
3	Facebook	美国	441.9
4	Tencent	中国	301.4
5	Alibaba Group	中国	291.7
6	Priceline	美国	91.9
7	Netflix	美国	67.0
8	Baidu	中国	62.5
9	Salesforce.com	美国	61.6

续表

排名	公司	国家	市值（$B）
10	PayPal	美国	57.1
11	JD.com	中国	50.2
12	Yahoo!	美国	46.6
13	eBay	美国	36.1
14	NetEase	中国	35.4
15	Ctrip.com	中国	26.7

数据来源：腾讯研究院，2017年5月。

基于互联网的“大众创业、万众创新”蔚然成风。根据美国市场调研公司CB Insights发布的全球独角兽榜单，截至2017年5月8日，估值超过10亿美元的创业公司有193家。中国有46家公司上榜，占24%。中国和美国一道囊括了前10名，滴滴、小米、陆金所、美团点评、今日头条等五家企业位居全球十大独角兽之列。这充分体现出我国互联网发展后劲十足。

数字化转型是当务之急、重中之重

数字经济是融合性经济，赋能效应显著，不仅实现了自身的快速发展，还有助于推动传统产业优化资源配置、调整产业结构、实现转型升级。“着力推动互联网与实体经济深度融合发展，以信息流带动技术流、资金流、人才流、物资流，促进资源配置优化。”①

“世界经济数字化转型是大势所趋。”传统行业数字化转型的潜力和价值巨大。世界经济论坛（WEF）在《数字化转型倡议》中指出：2016 ~ 2025 年的 10 年时间内，各行业的数字化转型有望带来超过 100 万亿美元的产业价值和社会价值。其中，消费品、汽车、物流、电力、电信、航空、石油与天然气、媒体、采矿、化学等十个行业在未来十年内由数字化转型所释放的产业价值将达到 12.7 万亿美元，超过我国当前全年的 GDP。数字技术提升传统产业的前景十分光明。

发达国家牢牢抓住新一代信息技术蓬勃发展的机遇，纷纷加快推进数字化转型，抢占未来产业竞争制高点。美国发布“先进制造业国家战略计划”、大力发展工业互联网，德国提出“工业 4.0”，英国发布“工业 2050 战略”，法国颁布“新工业法国”计划，日本启动“再兴战略”，无不将传统产业的转型发展作为战略重点。

我国在工业化尚未完成的情况下，迎来了数字化浪潮，面临着追赶工业化进程、同步数字化机遇的双重历史任务和严峻挑战。我国传统企业的信息化水平普遍不高，数字鸿沟仍然存在，数字红利未得到充分释放。加快推进传统行业数字化转型，促进工业化和数字化同步发展，成为当务之急，成为重中之重。

① 《习近平总书记在网络安全和信息化工作座谈会上的讲话》，新华社，http://www.cac.gov.cn/2016-04/25/c_1118731366.htm，2016年4月25日。

制造业是数字经济的主战场

制造业是国民经济的主体，是立国之本、兴国之器、强国之基，是实施“互联网+”行动、发展数字经济的主战场。制造业成为主战场，是由制造业在国民经济中的主体地位所决定的，是由“互联网+”发展阶段所决定的，也是国家的战略选择。

制造业是国民经济的主体

我国是世界第一制造大国，制造业是国民经济的主体。经过改革开放近 40 年的积累和发展，我国制造业综合实力和国际竞争力显著增强。根据国家统计局数据，2016 年制造业增加值达 24.8 万亿元，占 GDP 的比重为 33.3%。我国制造业产值占世界的比重超过 20%，连续 7 年保持世界第一制造大国地位。

制造业是物质财富的主要源泉，是最主要的就业途径。根据国家统计局数据，2015 年末，我国城镇单位制造业就业人数达 5068.7 万人，占城镇单位就业总数的 28%，位居各行业第一位。制造业就业带动效应明显，其发展可大大带动交通运输、批发零售、住宿餐饮等各行业的就业。

制造业成为“互联网+”的主攻方向

互联网在三大产业中呈现由第三产业向第二产业、第一产业逆向渗透融合的基本路径。自我国全面接入国际互联网20多年来，互联网已经深刻改变了零售、物流、交通、金融、住宿、餐饮、旅游、娱乐等服务业，正在加速向制造业渗透。从“互联网+”的发展路径来看，制造业成为当前的主攻方向。

从国际上看，工业互联网是我国亟需补足的短板。我国是互联网大国，消费互联网领先全球，而以工业互联网为主要组成部分的产业互联网与欧美国家相比尚有差距。充分发挥制造业大国和互联网大国的双重优势，推进制造业与互联网融合，加快工业互联网发展，是进一步增强我国互联网优势的迫切需求。

加快推进制造业数字化转型是国家战略要求

近年来，国家十分重视制造业的转型升级。国务院出台了《关于深化制造业与互联网融合发展的指导意见》；在部委层面，工信部印发了《信息化和工业化融合发展规划（2016—2020）》，并联合其他部委印发《机器人产业发展规划（2016—2020年）》和《智能制造发展规划（2016—2020年）》等重要文件。在这些政策的指引下，制造业的数字化转型将进一步深化，制造业将成为实施“互联网+”行动、发展数字经济的主战场。

结　语

我国数字经济已经扬帆起航，正在引领经济增长从“低起点高速追赶”走向“高水平稳健超越”、供给结构从“中低端增量扩能”走向“中高端供给优化”、动力引擎从“密集的要素投入”走向“持续的创新驱动”、技术产业从“模仿式跟跑并跑”走向“自主型并跑领跑”，为最终实现经济发展方式的根本性转变提供强大的引擎。数字经济发展也面临挑战，我们需要积极应对可能出现的各种问题，使数字技术发展真正惠及最广大人民。

数字经济的机遇和挑战

数字经济是随着信息技术革命发展而产生的一种新的经济形态，早在 20 世纪 90 年代在欧美国家就已十分流行。最近二十年，我国数字经济蓬勃发展，但在叫法上更多采用了信息化、两化融合、信息经济等概念。近年来，随着我国开始更多从经济视角观察数字化问题，特别是成立了中央网络安全和信息化领导小组，数字经济开始升温。在世界互联网大会、G20 杭州峰会、中央政治局网络强国战略集体学习、网络安全和信息化工作座谈会等重大场合，数字经济大放异彩。2017 年 3 月，数字经济首次写入政府工作报告。数字经济发展开启新篇章。

数字经济驱动未来

当前，以互联网为代表的数字技术正在加速与经济社会各

原题《数字经济：内涵、发展与挑战》，作者司晓、孟昭莉、王花蕾、闫德利，发表于《互联网天地》，2017年第3期。

领域深度融合，已经成为引领经济社会发展的先导力量，也成为各国在后金融危机时代推动经济社会转型、培育经济新动能、构筑竞争新优势的重要抓手。

数字经济成为经济社会发展的主导力量

数字化对经济增长作用明显，数字化密度[①]越大的国家从数字化中获得的收益越大。根据世界经济论坛《2012 信息技术报告》，数字化程度每提高 10%，人均 GDP 增长 0.5% ~ 0.62%。尤其是在全球经济增长乏力的当下，数字经济更是被视为撬动全球经济的新杠杆。据预测，数字技能和技术的应用将使全球经济到 2020 年有望累计增加 2 万亿美元；到 2025 年，全球经济总值的一半来自于数字经济。

随着数字经济的兴起，全球经济形态逐渐发生变化。以贸易领域为例，数字贸易在全球贸易体系中的地位已经与传统贸易同等重要，甚至更加重要。商品贸易、服务贸易和资金流动是 20 世纪经济全球化的主要表现形式，但 2007 年全球商品、服务和资金流动达到约 30 万亿美元（占全球 GDP 的 53%）的历史最高记录，此后增幅逐渐放缓，甚至出现停滞或下降。相反，数据流动额却增速迅猛，以几倍甚至几十倍的速度增长，

---

① 数字化密度是埃森哲与牛津经济研究院在《数字化密度指数》报告中提出的概念，指的是技术以及数字业务、数字应用在经济体里的渗透率或者覆盖率，包括四大类评估指标：数字化的市场培育、数字化资源配置、数字化企业运营和数字化的支持环境。

逐渐成为经济全球化的主体，成为全球经济发展的主导。

数字技术促进实体经济转型升级

以互联网跨界融合应用为特征的数字经济发展，全面促进了实体经济转型升级。制造业是国民经济的主体，互联网与制造业的融合不仅带来技术创新方面的正向整合，而且可能导致商业模式的重塑或重构，在制造业掀起数字化革命。通用电气公司为了实现数字化转型，2015 年建立了独立的“通用电气数字部门”（GE Digital），把软件和 IT 所有数字职能全部转移到该部门，并进行了大范围的管理层重组，逐步建立并完善了工业互联网平台 Predix。我国也有很多制造企业及早抓住了数字化机遇，顺利地推动了企业转型发展，取得了明显的竞争优势，形成了对原有领先者的赶超。如，青岛红领集团开创了服装大规模定制生产的先河，青岛软控通过生产软硬一体的橡胶生产设备而取得了领先优势并改变了橡胶生产业的竞争格局。

数字经济改善民生、增进社会福祉

数字经济的发展对于改善民生、增进社会福祉作用巨大。世界经济论坛对 34 个经合组织成员国的调查显示，数字化程度每提高 10 个点，能够促使经合组织幸福指数上升约 1.3 点。例如，微信通过一系列创新，能为民众提供一体化、整合性的大量创新服务。政务微信基本形成了部委政府、地方各级部门所组成的微信公众号应用体系，实现了公安、旅游、食药监、党政、交通、教育、医疗、人保、司法、外贸等政府职能全覆盖。在很多政务民生领域，通过微信送达民生服务成为常态。微信推出城市服务，整合公积金、人社、医疗、交通、公共事业缴费、出入境、公安等多种民生服务办事功能，将政府部门线下和桌面的办事流程升级到移动端，使公众足不出户、随时随地就能获得政府提供的服务，使政府更加贴近百姓生活，为公众的生活带来切切实实的便利。微信还积极拓展生活领域，形成便民服务新业态。水电气缴费让用户足不出户享受指尖生活缴费；餐饮、家政、物流、教育、医疗、旅游、酒店、停车、社区等多领域合作形成智慧解决方案，发展 O2O 服务新模式。

数字经济促进国家治理现代化

数字技术的应用和新模式、新业态的出现，会不断推动各领域的金字塔型层级结构向扁平化方向发展，逐渐打破组织内的层级结构、组织壁垒，以及组织内外部边界，形成平台化、社会化的新型组织，改变和重塑传统的经济社会结构，提升企业治理水平，推进国家治理体系和治理能力现代化。

20 世纪 90 年代，随着网络技术的应用，很多企业着手进行流程优化、组织再造工作，重塑客户体验、重构运营模式、高效善用信息。近年来，随着智能技术的发展，数据智能逐渐成为未来商业的基础，智能商业也成为数据时代的全新商业范式，很多企业进行了相应的组织管理变革，斯坦福大学等知名学府的工商管理专业也都增加了数据引发的商务智能、数字主导型决策以及数字化竞争等课程，为毕业生适应数字经济管理作好准备。

很多国家积极建设电子政府、数字政府，大大提高了行政效率，实现了治理方式变革。政府作为规模最大、信息最多、权力最大的公共机构，积极向公众开放公共数据对实现数据驱动的社会治理模式非常重要。数据开放和共享在一定程度上破解了“制度黑箱”问题，逐步消除了政府和公众之间的信息差、文化差、知识差、能力差，驱动政府改变各部门各自为政、信息封锁、职能交叉重叠的传统状态，构建起无缝隙、一体化的跨部门业务协同体系，从而实现社会治理由封闭式管理向开放式治理、单向管理向协同治理的方向转变。

相关问题不容忽视

数字经济在发展过程中也面临一些有待克服的障碍、有待消除的不良影响，这些问题有待各方采取措施逐步解决。

数字鸿沟问题依然严重

数字鸿沟既包括基础设施接入层面的鸿沟，也包括数字素养方面的鸿沟。在接入方面，至今全球仍有 40 亿人不能上网，尽管这 40 亿人大部分位于发展中国家，但欧美等发达国家也没有完全克服数字鸿沟问题。世界经济论坛建议建立“全民享有的互联网”，很多国家也制定了各自的普遍服务计划，但短期内仍无法根本解决这一问题。我国东西部、城乡之间在网络接入方面也存在明显的数字鸿沟。在数字素养方面，各国普遍存在数字技能不足的情况。欧盟 2014 年的统计表明，高达 47% 的欧盟人口缺乏足够的“数字能力”，成为欧洲数字化发展的最大障碍。相对于欧洲，发展中国家数字能力不足的问题更加严重，各国急需加强数字素养教育。

网络安全面临严峻挑战

随着数字经济的发展，安全威胁也日益增多，高危漏洞数量有增无减，网络攻击越演越烈，关键基础设施面临严重威胁，金融领域、能源行业成为重灾区。据互联网监控公司 Arbor Networks 的数据，2011 年至 2014 年短短三年内，全球 DDoS 攻击量增加了 30 倍以上。一项研究估计，每年各种网络犯罪、攻击对全球经济造成的损失高达 4000 亿美元。其中，物联网的发展带来了前所未有的网络安全挑战。物联网是软件和硬件一体的，牵涉的零部件和相关部分较多，无法通过简单的升级、修改、置换等方式应对可能的安全威胁，导致保障物联网安全的难度远远大于互联网。尤其是许多智能设备的开发商都是小型创业公司，没有提供复杂安全功能的资源或经验。安全问题的存在大大阻碍了数字经济进展。

法律法规滞后于数字经济实践

数据是数字经济的重要生产要素，但同时给我们带来了极大挑战。例如，数据该由谁所有？由谁管？怎么管？怎么用？所有者、拥有者、使用者和管理者之间的责权利如何确定？再如，一些国家致力于强化知识产权保护，但也有不少国家和研究机构认为，技术的变革已经打破了传统知识产权的界限，原有的知识产权制度已与数字经济发展脱钩，造就了一个由专利流氓和专利持有人构成的寄生系统，阻碍了创新。目前，知识产权的调整仍在缓慢进行中。又如，在用户隐私保护、“被遗忘权”等方面，各国也未达成共识，这些问题导致目前各国数字经济监管政策千差万别，传统行业和新兴行业的冲突不时出现。相关法律建设的滞后对数字经济健康发展也有很大影响。

就业结构发生重大变化

科技发展与进步必然提升社会效率，解放人力。第一次工业革命引发了“机器问题”，大量工人被机器取代。数字经济的发展也将引起就业结构的巨大变化。根据世界经济论坛数据，当前上小学的孩子有 65% 最终将从事现在还不存在的全新职业，目前的趋势会导致劳动市场于 2015 ~ 2020 年发生巨大变革。

数字技术中对就业影响最大的非人工智能莫属。那些单一特定领域的重复性工作、思考模式可以被理性推算的工作将被大量取代，翻译、记者、助理、保安、司机、销售、客服、交易员、会计、保姆等职业将在未来十年大大减少。同时，人工智能的发展将创造很多新的岗位，如数据科学家、自动化专家和机器人监控专业人士等，高端需求将大量增加。就业结构的变化要求教育、社会保障等领域加快变革，并做好职业培训，尽可能降低潜在风险。

结　语

数字经济是各国寻求可持续发展的重要机遇。作为全球经济增长最快的领域，数字经济成为带动新兴产业发展、传统产业转型，促进就业和经济增长的主导力量，直接关系到全球经济的未来走向和格局。数字经济既是中国经济提质增效的新变量，也是中国经济转型增长的新蓝海，政府、企业、社会各界都应积极进行数字化转型，促进数字经济健康发展。各方既要为数字经济发展创造良好条件，也要积极应对数字经济发展中可能出现的各种问题，使技术发展真正惠及最广大人民。

关于推进新时代数字经济健康发展的几点思考

2017年10月，党的十九大制定了新时代中国特色社会主义的行动纲领和发展蓝图，提出要建设网络强国、数字中国、智慧社会，发展数字经济、共享经济，培育新增长点、形成新动能。“推动实施国家大数据战略，加快完善数字基础设施，推进数据资源整合和开放共享，保障数据安全，加快建设数字中国，更好服务我国经济社会发展和人民生活改善。”[①] 在国家战略的推动下，新时代我国数字经济将不断创造新的可能，一个全新的、充满活力的中国将呈现在世界面前。

原题《关于推进新时代数字经济健康发展的几点思考》，作者高晓雨、牛玮璐、王一鹤、闫德利，发表于《互联网天地》，2018年第1期。

① 《习近平主持中共中央政治局第二次集体学习并讲话》，新华社，http://www.gov.cn/xinwen/2017-12/09/content_5245520.htm，2017年12月9日。

数字经济促进经济发展提质、增效、动力变革的运行机理

数字经济能够降低经济成本、提高质量、提升效率、促进供需精准匹配，使现存经济活动费用更低，并激发新业态、新模式，培育新动能，使传统经济条件下不可能发生的经济活动变为可能，推动经济形态向更高级、分工更准确、结构更合理、空间更广阔的阶段演进。自 2002 年以来，我国数字经济增速一直高于 GDP 增速，数字经济对 GDP 增长的贡献不断增加，在国民经济中的地位不断提升，在中国经济进入新常态的大背景下，数字经济正在逐渐成为国家经济稳定增长的主要引擎。《2016 中国信息经济发展报告》显示，自 2002 年至 2015 年，数字经济对 GDP 增长贡献率达 31.4%，2015 年，我国数字经济实际增速 15.8%，是 GDP 实际增速的 2.3 倍，占 GDP 的比重上升至 27.5%，相比 2014 年提高 2.4 个百分点，是 2002 年比重的 2.75 倍。

经济运行质量大幅提高

当前的经济增长和产业竞争已经逐渐以质量提升为主取代了传统的单纯的数量竞争，数字经济驱动的产业变革和供给侧结构性改革，大大提高了产品和服务的质量，改善了企业生产经营的运营效率，优化了绿色生产的社会效益。

一是产品质量不断改善。数字经济时代，数字技术的发达使社交媒体发展迅速，随之而来的是更加及时、透明的市场反馈机制的形成。企业从管理层到执行层都需要了解数字技术对行业竞争和对日常工作的影响，以利用新技术数据分析减少整体失误，从而提升客户满意度和收益率。这客观上使企业不断提升产品本身质量，减少产品召回并降低维修成本。

二是运营水平大幅提升。数字经济时代，制造业数字化转型充分利用大数据技术，企业可利用机器学习模型和可视化平台，从原材料采购到成品销售等各环节信息进行收集、整合、分析，优化企业运营流程，实现资源最优配置。例如企业利用大数据技术搭建“预测性维护系统”，该系统能够收集历史数据（结构化和非结构化、机器和非机器），并进行深入分析，预测生产破损，减少作业时间。该预测维护通常将机器停机时间减少 30% ~ 50%，使机器寿命延长 20% ~ 40%。

三是绿色发展效果凸显。数字经济本身就是新技术革命的产物，是一种新的经济形态和新的资源配置方式，能够极大地提升资源的利用率，促进产业和经济的绿色发展。伴随着数字经济发展所诞生的新技术、新业态、新模式将是绿色经济的主力军，不仅促进人与自然的生态和谐，也会带来新的经济繁荣。2017 年 8 月，新能源、新能源汽车和节能环保产业利用信息技术产品和服务的程度增幅较大，环比分别增长 13.9%、9.5% 和 2.6%。国家统计局数据显示，2016 年我国万元 GDP 能耗为 0.68 吨标准煤，同比下降 5%；水电、风电、核电、天然气等清洁能源消费量占能源消费总量的

19.7%，上升 1.7 个百分点，环境治理成效逐步显现。

经济运行效率显著提升

新兴技术不断向实体经济扩张和融合，将带来生产效率、交易效率和产权利用效率的不断改善，全社会要素资源向新技术、新业态、新模式大量集聚，引发产业结构和经济结构转型，最终推动数字经济生态系统逐步形成和不断完善。

一是促进分工精细化和生产工具智能化。数字经济中，技术的进步为分工的进一步细化提供了可能，时空界限被打破，主体之间的联系更加便利，企业只专注于单一环节的生产而将其他所有环节分离出去，此时企业实现了完全分工、真正的专业化生产，生产效率得到极大提升。在技术进步和分工规律的作用下，诞生了许多新的产业，如大数据产业就是因分工细化而从原有产业链中分离出来的专门从事大数据挖据、分析、利用等的产业。平台经济也是在分工规律下，独立而成的专门从事信息撮合、联接供需等行业。此外，数字经济下生产工具的改善也显著提高了生产效率。随着生产工具进入智能化的新阶段，硬件的智能化不断搜集数据和执行命令，互联网传递数据，软件根据一定的规则对数据进行分析和自动化决策，由此形成了能够自我循环的智能化工具系统，极大地减少过去的停工检修的等待时间、减少故障带来的停机时间、减少工序间的切换时间、减少库存成本等，带来生产效率的又一次飞跃。

二是降低信息搜寻成本。互联网等信息技术的应用发展极大地降低了信息搜寻成本。随着信息不对称大幅下降，无论企业还是市场中交易达成和履行的成本都会下降，将许多原本被搜寻成本约束或抑制的经济活力释放出来，从而催生了大量新经济模式。这些新经济模式能够从需求端、供给端和市场端优化经济结构，为经济增长提供新动能。近年来兴起的 C2B 模式正是得益于信息的及时共享所衍生出的新模式。

三是促进产权组合泛在重构。在信息技术的推动下，产权正在经历一场以所有权和使用权分离为主要特征的变革。在传统技术条件下，由于使用权使用量的大小极难度量，供需双方匹配难度大，交易成本高，产权的所有权和使用权往往作为一个整体参与市场经济运行。在数字经济下，操作系统、定位服务、导航、电子地图等信息技术的应用使得产权的使用量得以度量，大数据、云计算等新兴技术的发展和应用也使得使用权供需双方的匹配成本大幅降低，所有权和使用权的分离得以实现并开始获得收益并催生了分享经济等新业态，正在向生产领域延伸。以滴滴打车和 Uber 为代表的网约车正是产权分离重组所诞生的新模式。传统调节下，劳动者与企业签订劳动合同，出售自己的劳动并换取实现约定的工资。信息技术的应用打破了这种产权激励关系，劳动者作为个体直接产业经济活动，平台企业仅作为信息交易的渠道，与劳动者更偏向于市场的商品契约关系。

经济运行动力持续释放

数字经济把创新摆在国家发展全局的核心位置，深入实施创新驱动发展战略，培育壮大新动能和改造提升传统动能。紧紧围绕促进创业创新、减轻市场主体负担、拓展有效投资空间、营造公平营商环境等不断深化放管服改革，大众创业万众创新蓬勃兴起，改革红利持续释放。我国经济发展中“增量崛起”和“存量调整”齐头并进，创新引领作用不断强化，对经济增长、转型升级、扩大就业的支撑作用与日俱增。这既是中国经济保持韧性的关键所在，也是未来经济发展的动力源泉。

一是创业创新活跃，市场主体活力迸发。基于互联网的数字经济极大地降低了创业门槛，激发了“大众创业、万众创新”的活力，释放了巨大的创新潜能。随着各类众创空间的创新创业服务不断健全，逐步提供培训、投融资、技术对接等一体化的创业服务，创业成功率显著提高，创新创业生态环境不断优化，激发了全社会的创业热情。一方面，以阿里巴巴、腾讯等为代表的大型互联网企业提供的重要平台支撑，极大地降低了小微企业创新创业成本。例如，腾讯开放平台在 2011 年至 2015 年间共 600 万创业者注册，其中有 30 家创业公司成为上市公司，它们从腾讯开放平台中获得的总收益超过了 160 亿元。另一方面，海尔等传统制造业企业积极转型，着力打造创业孵化平台，积极推动员工创客化。国家工商局数据显示，仅 2017 年上半年，全国新登记市场主体 887 万户，同比增长 13.2%，其中企业日均新增 1.6 万户。此外，截至 2017 年 7 月，全国批准两批共计 120 个双创示范基地，包括 62 个区域示范基地，30 个高校和科研院所示范基地和 28 个企业示范基地。众创空间已逾 4000 家，带动就业人口超过 200 万人。央企已搭建各类“双创”平台 400 余个，其中互联网平台 110 个，用户注册数近 204 万，汇聚科技服务机构 1200 多个，线上仪器设备、技术成果等创新资源超过 17 万个。

二是数字信息科技成果层出不穷。数字经济中，一项技术从产生到产品再到产业的过程中，科学研究和产业资本相互渗透、相互推动，科技成果向产业的转化进程明显加快，经济社会生活领域的应用需求也不断催生新的技术增长点，驱动着技术成果的落地和新兴产业的发展。在 2017 年 12 月举办的第四届世界互联网大会上，包括华为的 3GPP 5G 商用系统、微软的人工智能小冰、阿里巴巴的 ET 大脑、百度的 Duer OS 操作系统、亚马逊的 AWS GreenGrass、我国的北斗卫星导航系统和“神威・太湖之光”超级计算机系统等 14 项覆盖了 5G、人工智能、高性能计算、大数据、云计算等诸多前沿领域的顶尖科技成果惊艳世界，超过 130 亿元人民币的项目现场签约，新兴信息技术不断落地，“数字红利”逐渐凸显。

三是改造提升传统动能。一方面，数字经济成为农业现代化的助推器。以物联网等为代表的信息技术向农业生产、加工、销售等各个环节广泛渗透，加快推动农业领域数字化转型。数字经济作为农业现代化的助推器，提高了农业生产效率，促进了产销精准对接，为农民提供科学的决策支持。黑龙江省利用物联网技术开展水稻智能生产线改造试点，在水稻浸种催芽过程中对水温进行实时监测和精准调控，使出芽率提高 10% 以上，亩产量增加 5% ~ 10%。2016 年，我国农村网络零售市场交易规模达到 8945.4 亿元，占全国农村网络零售总额的 17.4%。从 2012 年到 2016 年，农产品网络零售交易额从 200 亿元增长至 1589 亿元，增长近 8 倍。另一方面，数字经济成为制造业变革的驱动器。数字经济促进了制造业的“智能化、个性化、网络化、服务化”，推动了企业生产方式、管理方式的创新变革，驱动传统产业转型升级。信息化带动了产品、企业和产业等多层面融合创新，使高端装备产品附加值显著提升，加快企业研发设计、生产管理、协同营销的集成应用，提升制造业生产效率，促进管理精细化。信息技术大力推动产业发展模式创新，远程诊断、在线运维、个性化定制和供应链集成服务等创新模式层出不穷，大幅降低生产成本。制造企业依托互联网开展众包生产、个性化定制，探索形成以用户为中心的新生产体系，促进了生产与消费的有序衔接。截至 2017 年 4 月底，实现网络化协同的企业比例达 30.1%，开展个性化定制的企业比例达 6.7%，开展服务型制造的企业比例达 22.3%。2017 年 1 ~ 4 月份，工业机器人的产量同比增长 51.7%，SUV 汽车产量增长 21.7%，太阳能电池增长 18.2%，智能手机产量增长 10.9%，工业结构持续优化，传统产业不断向高端化、绿色化转型升级。

四是新模式、新业态快速成长。随着移动互联网的广泛普及，数字经济发展迅速，网络经济、分享经济等新业态、新模式在交通出行、商旅住宿、快递物流等领域渗透，并逐渐向知识内容、文化创意等领域不断拓展。2016 年，以 OFO 和摩拜为代表的共享单车在我国各大主要城市横空出世，成为一道新的“风景线”。以有桩公共自行车为代表的共享单车模式多年前就已出现，但新型共享单车通过“GPS + 智能锁”技术以及O2O运营模式，用户无需办卡，无需定点取车还车，通过手机APP即可发现、使用和归还车辆，大大简化了共享单车的使用手续，给市民带来了极大的便利，也改变了城市“最后一公里”的出行方式。

数字经济发展的制约和障碍

在全球数字经济进入全面渗透、跨界融合、加速创新、引领发展的大背景下，也面临着理论架构不完善、基本概念不清晰、体制机制不适应、人才能力不匹配等多重挑战，制约着经济发展新体系的加速形成。

数字经济理论架构研究亟待深化

“数字经济”（Digital Economy）、“网络经济”（Net work Economy）、“虚拟经济”（Virtual Economy）、“互联网经济”（Internet Economy）等新概念的涌现，反映了人们对数字经济的理解不断深化，也反映了对数字经济具体内涵、边界和外延的理解尚不清晰。当前，美国普查局、G20等均对数字经济的内涵进行过描述，而马克卢普、波拉特等学者以及麦肯锡、

OECD 等组织机构也都基于各自的理解和界定进行过数字经济规模的测算。然而，由于缺乏统一的数字经济相关理论架构，各组织、机构之间的研究和统计结果缺乏可比性，全球也尚无针对于数字贸易、数字产品交易等方面的权威统计，为数字经济相关的统计分析、理论研究、政策制定带来显著制约。

关键生产要素的权属亟待诠释

数字经济时代，数据已逐渐成为驱动经济社会发展的关键生产要素和建设现代化经济体系的重要基石，数据资源也日益成为国家战略资源，全球竞争焦点正由商品和物质的争夺向数据的控制转变。互联网数据流动已经实现了全球同步，数据的产生、存储、处理和使用突破了传统物理空间限制，不同主体形成了数据主权的交互重叠甚至冲突，带来了复杂的权责关系，对传统的国家主权概念形成挑战。然而，目前国际社会尚未对各国的数据主权管控范围进行划定，数据主权在国际法制定方面尚处空白，各国基于理性自保的需求，积极加强本国数据的管控和本国国民在他国数据的主权，这必然导致主权交叉重复的管辖状况。厘清各种数据间的关系，正确辨析国家数据主权的概念，是明确数据主权的逻辑起点。

监管方式、治理机制和法律体系亟待创新

数字经济是互联网技术进步和经济社会发展相融合的产

物，为社会提供了新的资源配置方式和利益传输渠道，满足了社会多元化的需求，成为经济发展的重要推动力量。互联网跨界融合的天然属性是其与实体经济相融合的重要前提，移动互联网、云计算、大数据等技术拓宽了互联网应用的深度和广度，互联网之风已经从消费端吹向了产业和公共服务领域，而现有监管方式、治理机制和法律体系的更新与经济结构升级不同步，新业态、新模式超出现有法律法规的规制范围，不适应依据行业特征和属地管辖进行配置监管职权和监管资源，不匹配模式化监管手段，这些“格格不入”致使数字经济在旧环境下发展“水土不服”，数字经济红利得不到充分释放，创新的监管治理机制和法律体系亟待出台。

新时代数字人才亟待培养

国民数字能力被世界各国视为全球新一轮竞争中的重要因素，数字能力的发展也被置于关乎国家经济发展命脉的战略高度，以确保为经济社会发展储备人才资源。当前，我国处于数字经济转型期和全面深化改革的重要历史机遇期，数字技术的使用不能自动引导数字能力的发展，培养新时代数字人才成为我国深化数字经济发展进程中的重要一环。我国数字人才分布不均衡，其分布与数字经济发达程度具有高度一致性，人才流动“北上广深”趋势显著，人才储备“南强北弱”态势明显；人才结构性短缺成为企业发展瓶颈。“技术 + 管理”的综合跨界型人才资源稀缺，大数据、人工智能等新技术相关人才缺口明显，国民信息素养和数字能力亟待提升。

对策建议

新时代推进数字经济发展，要全面贯彻党的十九大精神，牢固树立新发展理念，围绕建设现代化经济体系总目标，着力深化供给侧结构性改革，推动作为基础设施的互联网、作为新型生产要素的大数据和代表系统性创新的人工智能与实体经济的深度融合，为提升经济创新力和竞争力提供新动力和新空间。

一方面，经济板块，针对深化供给侧结构改革，通过发展数字经济实现新旧动能转换，为我国经济发展注入新要素，保持平稳可持续发展。一是坚持应用驱动，完善技术体系。开源技术体系的兴起打破了原有的利益格局，其强时效性倒逼技术和应用在短期内快速更新迭代，弱化了技术的宪法优势。要以应用为驱动，以价值共创为导向，完善技术体系，打破传统西方封闭技术体系传统链式发展路径。二是拓展数据优势，打通共享通道。加快建设国家政府数据统一开放平台，逐步扩大开放数据的范围，提高开放数据质量，并推动信息共享工作的展开，通过顶层设计和统筹规划，明确各部门数据共享的范围边界和使用方式，消除信息孤岛带来的障碍。三是加强融合发展，推动转型升级。互联网等新兴技术所驱动的产业升级和供给侧结构性改革，带动了传统产业的质量变革、效率变革、动力变革，要促进互联网、大数据和人工智能和实体经济的深度融合，从供给侧发力推动实体经济数字化、网络化、智能化转型升级，打造产业新生态。

另一方面，治理板块，推动数字经济有序健康发展，应充分认识数字经济新业态特点，积极引导构建开放、包容、有序的市场环境，建立多方参与的治理体系。一是释放政策红利，鼓励融合新兴业态加快成长。对数字经济的新模式、新业态，要本着“鼓励创新、包容审慎”的原则，科学制定、审慎出台新的准入和监管政策。制定负面清单，保护各类市场主体依法平等进入，不要一上来就管死。二是构建合理的数据管理机制，优化数据治理环境。加快研究制定大数据相关立法进程，探索建立国家层面针对数据管理的政策规范，包括加强对数据资产的确权，明确数据流通交易规则，完善个人信息分级管理规则，出台跨境数据流动规则，为数据流动和数据交易的标准化、规范化提供立法和政策支持，释放数据价值。三是建立提高创业创新响应速度的机制。进一步深化简政放权、减税降费等体制机制改革，持续释放改革红利，切实降低创业创新门槛和成本，鼓励双创平台建立，支持众创、众包、众筹众扶等多种创新创业形势，形成各类主体广泛参与的创新创业局面。

第三篇

推动数字产业化，用新动能推动新发展

“要发展数字经济，加快推动数字产业化，依靠信息技术创新驱动，不断催生新产业新业态新模式，用新动能推动新发展。”[①] 数字产业化是数字经济的基础，以互联网、云计算和人工智能为典型代表。本篇将用三篇文章介绍互联网的价格竞争、会员模式和资本市场，三篇文章介绍云计算的重要作用、市场发展和政务云应用，用一篇文章介绍人工智能的发展情况。

① 《习近平：敏锐抓住信息化发展历史机遇 自主创新推进网络强国建设》，新华社，http：//politics.people.com.cn/n1/2018/0421/c1024-29941345.html，2018年4月21日。

互联网价格竞争的演进之道

价格是市场中最活跃、最敏感的因素，是企业最有力的竞争手段之一。互联网的发展，极大颠覆了传统的价格理论和价格策略，推动价格竞争更加多元化，从而走出了一条“收费—免费—补贴”的演进路径。

“免费”曾被认为是互联网的精髓之一

在互联网诞生之前，人们的交易和互动成本高、范围小、频次低，按每笔交易和每次服务收费，是适应信息稀缺时代的必然商业模式。收费成为千百年来商业实践中再正常不过的商业逻辑。

互联网却开创了免费模式，一经应用就表现出了强大的生

原题《“收费—免费—补贴”互联网竞争的演进之道》，作者闫德利，发表于《人民邮电报》，2017年4月28日。

命力。在供给侧，作为新进入者，淘宝网以免费的方式在中国市场上战胜了当时全球最强大的电商 eBay；在需求侧，奇虎 360 以免费的方式进入杀毒市场，革了许可收费模式的杀毒软件产业的命。类似的例子还有很多，它们好好地教育了市场，使免费观念深入人心，甚至成为后来的所谓“互联网思维”的重要内容，并大行其道。

“补贴”已成为互联网公司通用的竞争手段

随着市场竞争加剧，互联网赢者通吃的行业特征愈加明显。“要么成为行业第一，要么死去”成为摆在互联网企业面前非此即彼的无奈选择。这迫使初创企业必须舍命狂奔，快速成长为行业第一。特别是对那些准入门槛低、商业模式易复制的行业，他们不得不在入场之初就以价格战提前“清场”。在此背景下，直接给予用户补贴成为比免费更有效的竞争手段。

开创补贴模式的是滴滴和快的。它们在 2014 年初掀起了补贴大战。通过给予司机和乘客双向补贴的方式，两者在三四个月时间花费的补贴达 24 亿元。第二年，滴滴又与优步开启了一场意在一统市场的补贴大战。两场胶着的竞争最终均以企业合并而收场。补贴成为我国网约车市场获取用户、进行市场竞争的最有效手段。受此影响，O2O、外卖、支付等领域也掀起了不同程度的补贴返现活动。而返现拉新早已成为互联网行业的标配。价格竞争走出了一条“收费—免费—补贴”的演进路径。

共享单车也走出了这样的发展路径。共享单车一般是按 1 元 / 小时、0.5 元 / 半小时的标准收费。随着竞争的日趋激烈，从 2017 年 2 月开始免费、补贴等促销活动日益增多。从免押使用、免费骑行，到充值返现、骑行红包，共享单车给予用户的优惠越来越大。用户使用共享单车，从付费骑行，到免费骑行，甚至可以骑行赚钱。

补贴离不开雄厚的资金实力。补贴大战往往与融资大战相辅相成、互为条件。也正是因为资本力量的强势介入，互联网创新业务的市场培育期大大缩短。可以说，补贴和资本是互联网发展的加速器，它大大缩短了企业从创立到变现成熟的过程。

“补贴”是一种阶段性竞争手段，其出现是历史的必然

补贴是一种寄希望于通过未来的成功来弥补今天透支的商业模式，是一种阶段性竞争手段，对高频应用非常有效。它主要应用在业务发展前期的推广过程（如共享单车、京东白条等），以及寡头之间的最终决胜（如 2014 ~ 2016 年的网约车）。一旦过了前期推广或者决出胜负，企业将停止补贴。如滴滴和优步合并后即停止补贴；支付宝和微信支付在培养起线下扫码支付习惯后，也基本停止了返现活动。

补贴不是简单的“烧钱模式”，而是一种竞争手段，是一种投资。通过给予补贴，培养起来的用户使用习惯和忠诚

度，是企业获得的最重要回报。补贴结束后，往往会出现一定程度的用户活跃度下降，这就要开始真正考验企业为用户和社会所创造的价值了。

补贴的出现，是互联网发展的必然。在补贴出现之前，互联网公司主要通过购买关键字广告等方式获取新用户，转化率和留存率较低，用户获取成本十分高昂。同样需要付出高额费用，消费者却未直接获益，丰厚利润却被广告服务公司所获取。随着账号体系的完备、移动支付的普及，直接给予用户补贴具备了客观条件。补贴拉新，绕过了中间环节，针对性更强，使消费者获得切实好处，是一种更有效的竞争策略。因此，补贴是互联网去中介化发展逻辑的具体体现。

恶意刷单是伴随补贴的不和谐音符

互联网“小步快跑，快速迭代”的行业特征，决定了新上线的产品版本都会有不完美和需要进一步改进的空间。这给投机取巧者利用软件漏洞的机会，特别是在高额补贴时代。有不法用户，甚至是企业，通过恶意刷单，非法套取补贴获利。而互联网公司相关工作人员因业绩要求，特别是公司乐见交易数据做高以便于下一步融资，他们对刷单行为往往睁一只眼闭一只眼，这更是助长了不正之风。

恶意刷单起源于电商，因近年的补贴大战而有愈演愈烈之势，是行业发展过程中的一颗“毒瘤”。它扰乱正常的市场秩序，甚至导致劣币驱逐良币，需要加快诚信体系建设，严厉打击失信不法行为。

结 语

互联网价格竞争的升级和不断演进，具有历史必然性，不以人的意志为转移。背后的根本逻辑是，以用户为中心时代的真正到来，企业必须围绕用户进行创新，正可谓“得用户者得天下”。因补贴而胜出的企业，也只有不断用户和社会创造价值，才能保证基业长青。

会员订阅付费成为互联网主流盈利模式

要数这段时间[1]发展最引人瞩目的互联网公司，Netflix、亚马逊和苹果必位其中。Netflix 的市值在 2015 年增长 133%，最近一年增长 50%，稳居全球十大互联网公司之列；亚马逊的市值近日突破 4000 亿美元，不仅超过了 Facebook，还成为全球第五大公司；在时隔两年后，苹果的市值再次突破 7000 亿美元，正朝万亿市值迈进，独领风骚。这三家势头强劲的公司在商业模式上有一个共同点，就是都采用了会员付费订阅模式。

长期以来，人们热衷于享受互联网上的免费服务，以观看广告、付出时间成本作为代价。当前，网络信息资源日益丰富，人类已进入信息过载时代。随着收入水平不断提高，消费升级加快提速，版权意识日益增强，节省选择时间、享受品质服务，成为众多网民的选择。会员订阅付费服务就是顺应这一潮流的产物，在流媒体、社交、媒体资讯、网络零售等各个领域已有

原题《消费升级时代会员付费订阅兴起》，作者闫德利、张健，发表于《人民邮电报》，2017年5月5日。

① 即截至2017年初的一段时间。

成功应用。Netflix、亚马逊和苹果等公司正是提前洞察了这一趋势，才获得了巨大成功。

视频流媒体：Netflix 开创互联网品质消费时代

Netflix 是一家不断变革、不断创新的公司，它先以在线邮购的方式颠覆了 DVD 线下出租店，又以流媒体的方式颠覆了 DVD 租赁，正挑战 HBO 等广播电视网。Netflix 的基本商业模式是会员制，它是应用会员订阅模式最早、最彻底、最为成功的企业。在美国市场，Netflix 提供基础、标准、高级三个级别的会员服务，月费分别为 8 美元、10 美元和 12 美元。订阅会员可以在其影视库里任意、随时随地观看所有节目，并且没有广告。2016 年底，Netflix 服务已覆盖 190 多个国家和地区，有 9380 万会员，其中付费用户数为 8909 万，占 95%。

当前，免费视频网站纷纷转型会员订阅模式。Hulu 在 2010 年正式推出订阅服务 Hulu Plus，2016 年 8 月宣布终止免费收看模式，把免费业务授权 Yahoo View 播出；全球最大视频网站 YouTube 也于 2015 年 10 月推出 YouTube Red 付费订购服务，一年时间获得 150 万用户。广阔的市场前景，吸引着新的进入者。亚马逊就于 2016 年 4 月在美国推出独立的 Prime Video 视频流媒体服务，年底 Prime Video 向 200 个国家和地区开放。

会员付费也成为中国视频行业的发展热点。根据艺恩数据，2016 年中国视频有效付费用户规模达 7500 万，增速为 241%，成为继北美、欧洲之后全球第三大视频付费市场。其中，乐视、爱奇艺、腾讯视频的付费会员数均已突破2000万。根据艾瑞数据，预计到2019年用户付费将占视频总收入的38%，成为视频行业第二大收入来源。

音乐流媒体：应用会员付费服务最广泛

音乐流媒体是会员付费应用最成熟的领域之一，其竞争也十分激烈，以Spotify和Apple Music为代表。瑞典Spotify成立于2008年，是全球最大的音乐流媒体服务商，其月活跃用户超过1亿，月付费订阅用户达4000万。依托终端设备优势，苹果公司于2015年6月在110个国家和地区推出音乐流媒体服务Apple Music，仅一年半时间其付费订阅用户就突破2000万。亚马逊是来势凶猛的新玩家，于2016年10月推出新的音乐流媒体服务Amazon Music Unlimited。亚马逊还推出了一个“面向Echo设备”的专属订阅计划，每月收费仅4美元，是竞争对手价格的一半。除此，欧美国家还有Pandora、Rhapsody、Deezer、Tidal、Google Play Music等众多有影响力的音乐流媒体服务商。

在继续提供免费服务的同时，我国的网络音乐已开始重点发展会员付费业务，进展迅速。酷狗在2015年底开始推行付费服务，不到一年时间付费用户数就突破1000万；QQ音乐的付费用户在2016年也达1000万；网易云音乐付费会员数在2016年上半年增长了三倍。

网络零售：Prime 是亚马逊的三大业务支柱之一

在网络零售领域，亚马逊开创了会员订阅服务模式，并取得了巨大成功。亚马逊在 2005 年推出 Prime 高级会员服务，消费者只需交纳 79 美元的年费（现已提高为 99 美元），即可享受免费两日送达服务，并可免费使用电子书、音乐、视频等数字内容产品。针对特定人群和特定商品，亚马逊还推出了 Amazon Student、Amazon Mom 和 Prime Fresh 三个会员类型。他们在享受 Prime 服务的基础上，可享受其他特定优惠。Prime 是亚马逊"最奇怪也是最成功的商业模式"，在促进消费、增加用户粘性等方面发挥了重要作用。2016 年 4 月，贝索斯在致股东信中首次阐述了亚马逊的三大业务支柱，Prime 位列其中。根据 CIRP 数据，截至 2016 年第三季度，亚马逊在美国有 6500 万 Prime 会员，亚马逊 52% 的美国消费者是 Prime 会员；Prime 会员年均开支达 1200 美元，是非会员的两倍。Prime 服务在 2007 年开始国际化，2016 年登录印度和中国两个人口大国。目前，除墨西哥和荷兰外，亚马逊的 14 个站点均已推出 Prime 服务。

Prime 的成功也吸引了其他电商的进入。京东于 2015 年推出 PLUS 会员服务，2017 年开始加大推广力度。与亚马逊 Prime 主打包邮服务和数字媒体不同，京东 PLUS 的最大特点是专属价格优惠。在垂直电商领域，会员订阅模式也有成功应用，Amazon Fresh、FreshDirect、peapod、GrubMarket、Shipt、Instacart 等欧美生鲜电商普遍采用了该模式，鲜花领域的 H.

Bloom、美妆领域的 Birchbox 均采用了会员订阅模式。

社交网络：彰显身份、享受特权

社交往往需要彰显身份，会员付费具有天然土壤。社交网站往往把会员划分为普通会员和高级会员，高级会员可享受一定特权和增值服务。在全球职业社交三巨头中，德国 Xing 和法国 Viadeo 是以会员付费为核心盈利模式，分别由 50% 和 40% 的收入来自会员付费服务；美国 LinkedIn 于 2007 年推出高级会员订阅服务，会员付费曾一度成为其最大的收入源，目前仍有 17% 的收入来自会员付费服务。

在我国，QQ 超级会员就是一种付费会员服务。应用最广泛的要数婚恋社交领域，世纪佳缘有超过一半的收入是来自会员付费。

会员付费订阅是重要趋势

互联网商业化二十多年来，网民的消费习惯不断变化。会员订阅服务有效满足人们在内容过载时代获取精准服务的需求，已成为一种十分成熟的商业模式，是互联网深入发展的必然结果。未来，人们为优质内容和优秀服务付费将成为互联网的常态。

互联网资本市场发展呈现四大特征

就互联网资本市场而言，2016 年是一个特殊年份，IPO 数量持续走低，在美中概股迎来私有化退市高峰。同时，新型企业发展速度加快，市场竞争日趋激烈，大投资、大并购、大整合的时代特征进一步深化。我国龙头互联网企业也加快海外投资并购力度，资本出海成为当前国际化的主要方式。

2016 年 IPO 低潮延续，2017 年或迎高峰

2014 年是进入 21 世纪以来互联网企业 IPO 最活跃的一年，上市企业数量之多、规模之大均达到一个高峰。此后，全球互联网发展进入酝酿调整阶段，IPO 迎来低潮，2016 年仅有 Line、51Talk、美图、新华网、Trivago 等少数几家中小规模的

原题《互联网资本市场发展呈现四大特征》，作者闫德利、高晓雨，发表于《人民邮电报》，2017年4月14日。

互联网公司 IPO。根据 Bloomberg 数据，2014 年科技领域 IPO 募集资金规模高达 354 亿美元，2015 年锐减到 83 亿美元，2016 年则进一步降低到 33 亿美元。

经两年时间的调整，2017 年或迎来 IPO 的一个高峰。阅后即焚照片分享应用 Snapchat 已经上市，目前市值高达 240 亿美元，并跻身世界 20 大互联网公司之列。流媒体音乐商 Spotify、网络文件存储公司 Dropbox、大数据公司 Palantir、房屋共享公司 Airbnb、联合办公网站 wework、打车软件 Uber、图片社交网站 Pinterest、酒店预订平台 HotelTonight 等，以及我国的蚂蚁金服、众安保险、陆金所、爱奇艺、墨迹天气等，其中不乏明星公司，它们或有于 2017 年上市的计划，或具备了上市的基本条件。

与 2014 年 IPO 高峰以网络零售为主要内容不同，2017 年将呈现“百花齐放、精彩纷呈”的特点，分享经济、云计算、大数据、互联网金融等领域成为 IPO 的热点。

美股私有化退市迎来高峰

2016 年不仅是 IPO 低潮年，还是私有化退市之年，以中概股为代表的在美上市企业纷纷退市。2016 年，完美世界借壳回归 A 股，优酷土豆、酷 6 传媒、奇虎 360、当当网、艺龙、麦考林、淘米、世纪佳缘等众多企业均完成私有化退市，智联招聘、去哪儿网、聚美优品和京东金融等企业宣布私有化。这与当年纷纷赴美上市形成强烈对比。

由于A股的上市门槛较高，特别是对企业的盈利水平有着严格要求，因此尚处于发展早期的互联网公司纷纷赴美上市。当前，我国互联网产业不断壮大，成为经济发展的亮点，资本市场也日益成熟和完善，A股积极出台举措吸引互联网公司回归。加之中美估值差异、服务多面向华文市场等原因，中概股集体私有化退市，回归A股将成为其重要选择。

大投资、大并购、大整合的时代特征进一步深化

2016年大企业之间的投资并购活动进一步加剧，大投资、大并购、大整合的时代特征进一步深化。

2016年互联网行业最大的一笔并购案是微软以262亿美元收购全球第三大社交网站LinkedIn。这也是微软史上最大并购案，LinkedIn也成为史上被并购的最大互联网公司。

标的数十亿美元级的投资并购在2016年有多起，涉及雅虎、沃尔玛、Salesforce等公司。如表1所示。

Verizon与互联网先驱雅虎达成协议，斥资48亿美元收购雅虎的核心业务，这意味着一个时代的结束。

面对电子商务的巨大冲击，零售巨头沃尔玛也加大对电商的投入，以33亿美元收购电商创业公司Jet.com；在中国市场，沃尔玛和京东达成深度战略合作，将旗下1号店并入京东，并进一步增持京东的股份至10.8%。

2016年在线CRM厂商Salesforce大举收购，以28亿美元收购电子商务解决方案提供商Demandware，对团队协作应用软件Quip、营销数据初创企业Krux的收购额均超过7亿美元。

表1　　2016年世界互联网主要投资并购案例

序号	投资并购方	被投方		交易金额（亿美元）
		企业	所处行业	
1	微软	LinkedIn	社交	262
2	腾讯	Supercell	网游	86
3	Verizon	雅虎（核心业务）	门户网站	48
4	沃尔玛	Jet.com	电商	33
5	Salesforce	Demandware	电商解决方案	28
6	携程	Skyscanner	在线旅游	17.4
7	Vista Equity	Cvent	云端会议管理	16.5
8	Cinven 和 CPPIB	Hotelbeds	酒店预订	13
9	阿里巴巴、蚂蚁金服	饿了么	在线外卖	12.5
10	阿里巴巴	Lazada	电商	10

数据来源：腾讯研究院，2017年1月。

在国内，2016年腾讯、阿里巴巴和携程等公司的并购活动最为活跃。腾讯以86亿美元收购欧洲手游开发商Supercell 84.3%的股权，进一步加强了在全球网络游戏领域的领导地位，并增持京东、58同城和搜狗等公司。QQ音乐与中国音乐集团（CMC）合并，成立新的音乐集团。

阿里巴巴以10亿美元获得东南亚电子商务平台Lazada控股权，以7.49亿美元领投AR明星公司Magic Leap，并联合蚂蚁金服向饿了么投资12.5亿美元。在入股银泰百货和苏宁云商后，阿里巴巴继续加强对线下实体店的投资，2016 年以 21.5 亿元收购三江购物 32% 的股份，其关联公司蚂蚁金服入股百胜餐饮。

在线旅游巨头携程 2015 年将去哪儿收入囊中，2016 年更是投资不断。在国内，携程战略投资旅游百事通，将自己和去哪儿网旗下的公寓民宿业务并入途家。在国际市场，携程以 1.8 亿美元投资印度最大的在线旅游公司 MakeMyTrip，对纵横、海鸥和途风三家美国旅行社发起了战略投资，宣布以 120 亿元收购旅游搜索公司 Skyscanner。

规模相当的行业领导企业直接合并的时代特征在 2016 年的体现也比较明显，如美丽说和蘑菇街，滴滴出行和中国优步，拼好货和拼多多，印度在线旅游企业 MakeMyTrip 和 ibibo，美国生鲜电商 Relay Foods 和 Door to Door Organics。

资本出海成为我国互联网国际化的主要方式

我国互联网发展取得的成就举世瞩目，但长期以来国际化进展一直鲜有斩获，仅有网秦、久邦数码、猎豹移动等少数几家中小规模的互联网公司，以及兰亭集势等跨境出口电商拥有较大比例的海外业务。绝大多数互联网公司的业务仅局限于中国市场，这与美国互联网的全球化布局形成强烈反差。

近年，我国互联网公司开始转变思路，通过资本出海、加强海外投资等方式来布局全球市场，并取得显著成绩。其中，美国、东南亚、印度、以色列、欧洲等国家和地区成为我国互联网公司国际投资的重点。例如，阿里巴巴通过收购 Lazada 进入东南亚电商市场，通过投资 Snapdeal 和 Paytm 进入印度电商和支付市场；腾讯通过投资 Netmarble、CJGames 等公司进入韩国网络游戏市场，通过投资 Hike 进入印度即时通信市场。与直接发力海外业务相比，资本投资可较少受到文化差异的影响，并可有效进行战略协同和模式复制，成为当前国际化的主要方式。

结　语

资本市场的创新和完善，是推进互联网加速发展的重要动力。当前，互联网行业已经开始由技术密集型向资本密集型转变，资本力量成为企业间升维竞争和战略合作的最主要方式，成为国际化的主要方式，未来发展值得关注。

云计算是驱动数字经济发展的源动力

数字经济是继农业经济和工业经济之后的一种新的经济形态，其起源可追溯至1946年世界第一台电子计算机的诞生。20世纪90年代，以互联网为代表的新经济蓬勃发展，人们开始从经济系统的视角观察这一由比特驱动的经济形态，并正式提出了数字经济的概念。2006年云计算概念的提出，以及其后的大规模普及应用，将数字经济发展推向一个崭新的阶段。云计算成为驱动数字经济发展的源动力。

工业云真正释放数字经济的潜力

自云计算概念提出十余年来，云计算已经极大改变了企业的运行方式，特别是消费领域已普遍“接入云”，广大网

原题《云计算是驱动数字经济发展的源动力》，作者闫德利，发表于《互联网天地》，2019年第1期。

民已享受到无时无处不在的云服务。苹果、谷歌、亚马逊、facebook、微软、腾讯、阿里巴巴等科技巨头，微医、微众银行、摩拜、快手等众多初创科技企业，其 IT 架构均置于云上；被 Facebook 以 190 亿美元高价收购的 WhatsApp，仅有 50 名员工，重要原因在于采用了 IBM 公共云业务，大大减少了 IT 人员投入。

然而，这只是云的初级阶段，只是数字经济的初级阶段。制造业是数字经济的主战场。正如电由生活领域拓展到生产领域，从而进入新的阶段一样，云计算在工业领域的应用和发展，将推动数字经济进入新的发展阶段。GE 的 Predix、西门子的 Mindsphere，以及东方国信的 Cloudiip，树根互联的根云平台，无不将打造工业互联网的云平台作为致胜未来的关键。继“插上电”之后，“接入云”将再次推动制造业的变革，引发新工业革命，释放数字经济的巨大潜力。

云计算是人工智能的强载体

人工智能被誉为“下一个数字前沿”，云计算正是人工智能的强载体。

六十多年来，人工智能的发展起起伏伏。近年取得了实质进展，迎来了一次新的发展高潮，对经济社会产生了巨大影响。突破人工智能关键技术障碍的是深度学习，而深度学习正是在云计算发展过程中取得了实质性进展。深度学习鼻祖杰夫·辛顿在2013年加拿大英属哥伦比亚大学的一次演讲中指出，深度学习以前不成功是因为缺乏三个必要前提：足够多的数据、足够强大的计算能力和设定好初始化权重。大数据和云计算为深度学习算法提供了海量数据和近乎无限的计算能力，打破了这两个限制人工智能发展的主要瓶颈。正如马化腾先生指出（2016）："未来就是在云端用人工智能处理大数据。"云计算、大数据、人工智能三者的发展相辅相成、相互促进、不可分割。云计算为人工智能提供坚实基础，是人工智能发展的必不可少的最强载体。

对于科技公司而言，云计算通过云端实现对软件、硬件和数据的分享，提供计算、存储和大数据分析工具，从而降低运营成本和市场进入门槛，增强市场竞争力，推动人工智能全面落地。除了利用云端服务加强深度学习研究，科技巨头们还积极着手，把云和人工智能连接起来。微软把云和人工智能作为两大战略支撑，谷歌的机器学习部门设在谷歌云之下，亚马逊亦将人工智能融入旗下的AWS云服务。

云计算驱动智慧城市发展新格局

城市是人类文明的载体。经济形态的更迭，必将重塑城市发展格局。在农业社会，人们为了满足生活和灌溉需求，城市一般依河而建。人类最早的文明——四大文明古国，均起源于大河之旁。当时世界上最繁华的城市——华夏四大古都，均依水而建。西安有“八水绕长安”之说，洛阳则是“洛水贯其中”，南京“襟带长江而为天下都会”；北京虽没有大江大河，但也河湖沼泽密布，元朝定都后即翻修大运河，使得“江南北国脉相牵”。世界上古老悠久的城市无不建于大河两岸，如塞纳河畔的巴黎、泰晤士河畔的伦敦、台伯河畔的罗马，莫斯科、临淄、洛阳、汴京等城市更是因水得名。

农业文明是大河文明，工业文明是海洋文明。随着大航海时代来临，人类进入工业社会，全球化时代来临，国际贸易日益兴盛，港口城市因占交通之便利，超越内陆沿河城市，成为繁华之所在。纽约、东京、悉尼、新加坡、香港等城市迅速崛起为国际大都市；民国的“南有上海滩，北有天津卫”，则是因海而生。

传统的城市发展基于区位优势，依赖于江河湖海，“因水而生、因水而兴、因水而名”。数字时代，互联网成为连接世界的新途径，成为构建城市竞争力的重要内容。未来的城市发展是物理空间和网络空间的叠加交融，区位优势固然重要，但智慧程度成为衡量城市发展水平的核心指标。

正如电的使用唤醒了工业革命的勃勃生机，云服务将使“计算”成为像水和电一样无所不在的基础设施。随着企业组织的 IT 架构加速向云端迁移，云计算成为经济发展和智慧城市建设的重要驱动力。城市发展开始由“在水边”向“在云端”演进，数字时代的城市必然是“云上之都”。硅谷、班加罗尔、贵阳、雄安等地区和城市，正是基于网络空间的打造，以“云”代“水”，给城市装上“超级大脑”，探索出了一条新的智慧城市发展道路。

小结:“用云量”成为衡量数字经济发展水平的新指标

云计算在行业应用、数字前沿、智慧城市等方面的巨大变化，将驱动数字经济蓬勃发展。正如“用电量”之于工业经济，“用云量”也将成为衡量数字经济发展水平的新指标。

第二次工业革命以电气化为核心特征，由电驱动。电重新定义了动力，动力设备由蒸汽机变为电动机，充分释放了工业革命的潜能。正是基于电的基础作用和通用意义，“用电量”成为衡量经济发展水平的重要指标。《经济学人》杂志在 2010 年推出“克强指数”，用于评估中国 GDP 增长量，即通过耗电量、铁路货运量和贷款发放量来分析经济运行状况。“耗电量”位列三大核心指标之一。

云是数字经济的基础设施，是驱动新一轮工业革命的核心驱动力，云化升级是核心特征。云将重新定义智慧，开启从解放体力劳动到解放脑力劳动的转变，促进数字红利的充分释放。“用云量”成为衡量经济发展的新指标。

数字时代，云计算至关重要。

云计算十周年，迎来市场收获期

2016 年是云计算发展十周年。2006 年 8 月，Google 在业界首次提出“云计算”（Cloud Computing）的概念；同年亚马逊相继推出在线存储服务 S3 和弹性计算云 EC2 等云服务。Google 和亚马逊共同开启了云计算快速发展大幕。十年来，各种类型的企业纷纷拥抱云计算。云计算几乎改变了整个 IT 产业格局，迎来了市场收获期。

亚马逊、微软等巨头主导全球云计算发展

亚马逊、微软、IBM 和谷歌四大厂商主导了全球云计算市场。根据 Gartner 数据，四家公司占据全球云计算基础服务市场一半以上的份额。

原题《云计算十周年，迎来市场收获期》，作者闫德利，发表于《中国信息化》，2017年第3期。

AWS是亚马逊无心插柳的云计算业务，如今已成为全球最大的云计算厂商，是当之无愧的云计算霸主。根据Synergy Research Group数据，2016年第三季度AWS在全球IaaS公开市场份额为45%，是微软、谷歌和IBM三大厂商总和的两倍多；在全球PaaS公开市场，AWS的市场份额几乎超过Salesforce、微软和IBM三大厂商之和。如图1所示。

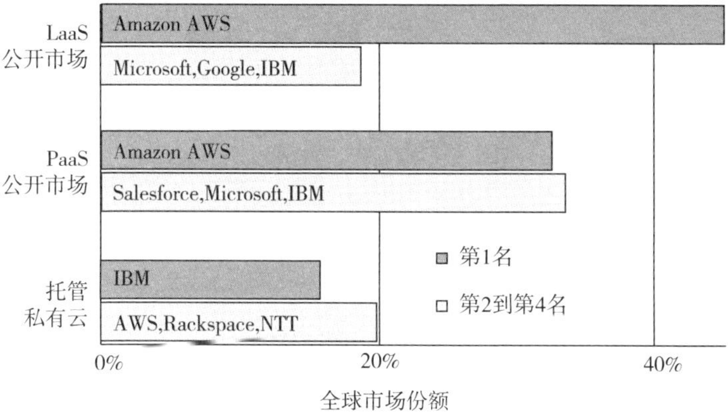

图1　全球云计算基础服务市场格局
（按2016年第三季度收入规模）

资料来源：Synergy Research Group。

2016年AWS的收入达122亿美元，它在全球16个区域内部署了42个可用区。AWS不断推出新产品，不断降低原有产品的价格。成立十年时间，AWS降价达52次之多。正是依托于云计算业务的巨大成功，亚马逊在2016年成为世界第五大上市公司。

微软是由传统IT厂商成功转型云服务的典范。2014年微软确立了“移动优先、云计算优先”的新战略。凭借Office365

和 Azure 双引擎，微软奠定了行业第二的地位。Azure 增长尤为强劲，Azure Premium 的收入连续十个季度实现三位数增长。基于云计算和人工智能的发展，微软的市值也在时隔 17 年后在 2017 年 1 月重新站上 5000 亿美元。

另一传统 IT 巨头 IBM 的转型则相对艰难。IBM 先是转型做软件和咨询服务，后才转向云计算。尽管 IBM 已成为私有云的领导者，但尚不能扭转公司业绩不断下滑的趋势。

为加快追赶亚马逊和微软的步伐，Google 加大了对云计算的布局调整。2015 年 11 月，Google 花费 3.8 亿美元重金挖来了 VMWare 联合创始人戴安·格林，负责新成立的云计算应用和基础设施部门。2016 年 10 月，Google 将企业沟通服务 Google for Work、云办公处理软件、CloudPlatform，甚至是企业级的 Android 手机、平板和 Chromebook 电脑等软硬件，都归到格林的手下。这是 Google 当年最大的一次架构调整。2016 年 11 月，硅谷两个最有名的人工智能专家——斯坦福大学的人工智能实验室的负责人李飞飞、Snapchat 研究院李佳也加入了云服务部门，谷歌云的实力大大增强。

第二梯队企业加大投资并购力度

亚马逊、微软、IBM 和谷歌四大厂商的主导地位已经确立，短期内难以改变。但云计算的涉及范围广，市场空间大，在诸多细分领域仍有数量众多的成功企业。尤其是那些实力雄厚且位于第二梯队的云服务商。2016 年以甲骨文、Salesforce 为代表的第二梯队企业取得了突出的成绩。它们主要通过加大投资并购力度，来巩固优势、弥补不足。

全球第二大软件公司甲骨文是闻名的收购大户。根据 crunchbase 数据，其收购总数量达到了 115 家。历史上不乏著名的案例，例如：以 103 亿美元收购仁科，对 BEA Systems、SUN、Siebel Systems、Micros Systems 等四家公司的收购金额均在 50 亿美元之上。

甲骨文目前积极向云计算转型。自 2010 年以来其收购的重点转向云计算，特别是 SaaS 供应商，来填补特定垂直市场的空白。2016 年甲骨文的并购十分活跃，一共花费了 120 亿美元成功收购 9 家公司。其中，最大一笔交易是斥资 93 亿美元收购云服务解决方案供应商 NetSuite，这也是甲骨文史上第二大的收购。云软件创业公司 Ravello Systems、建筑工程云服务提供商 Textura、节能数据云服务公司 Opower、基于云的互联网性能和 DNS 提供商 Dyn 等四家公司的收购价格均在 5 亿美元以上。甲骨文的转型已取得阶段性进展，2017 财年第二季度，其云服务总营收首次突破 10 亿美元大关，达到 10.5 亿美元，增速高达 62%。

Salesforce 在企业 SaaS 领域居领先地位，是在线 CRM 的领导者。2016 年 Salesforce 大举收购，斥资超过 50 亿美元收购了 13 家企业。其中，最大的一笔交易是以 28 亿美元收购电子商务解决方案提供商 Demandware，对团队协作应用软件 Quip、营销数据初创企业 Krux 的收购额均超过 7 亿美元。

在我国，阿里和腾讯处于领先位置

我国的云计算市场规模相对较小，但发展迅速。其中，阿里云和腾讯云处于领先位置。继电商之后，云计算成为阿里巴巴的发展亮点。截至 2016 年底，阿里云付费用户数量增长至 76.5 万，同比翻番；从 2015 年第二季度开始，其营业收入连续七个季度实现三位数增长。

腾讯的云服务收入也呈爆发式增长，2016 年第三季度增长逾两倍。2016 年 12 月，腾讯云开放了 11 个海外服务节点。至此腾讯云在海外的服务节点将增至 14 个，加上国内 5 个数据中心，腾讯云一共拥有 19 个全球服务节点。腾讯云也因此成为全球云计算基础设施最完善的中国互联网云服务商。

科技企业纷纷拥抱云计算

云计算的快速发展，颠覆了传统的 IT 基础架构，对 IT 厂商产生了巨大冲击。IT 巨头积极调整业务布局，如 Symantec 和 HP 都一拆为二、IBM 卖掉了 x 系列服务器、Dell 收购了 EMC 等。最为重要的是，微软、IBM、甲骨文、SAP、思科、联想、英特尔等老牌厂商逐渐把战略中心转向云计算。

在我国，云计算市场的玩家越来越多。2014 年 12 月，金山公布“All-In 云服务”的三年战略，开拓出一条聚焦行业云的差异化战略。从 2015 年开始，网易相继推出了网易云信、网易七鱼等云服务，2016 年正式发布了场景化服务和知识体系输出的云战略。京东也大力发展云计算业务，将 2016 年作为云计算元年。百度云、美团云也快速成长。

结　语

经十年时间，云计算改变了传统商业模式，改变了整个市场的运行模式。随着市场接受度的提高，云计算进入了市场收获阶段，成为兵家必争之地，成为科技公司的增长引擎。展望未来，云计算迎来了深度学习和人工智能技术蓬勃发展的新机遇，具有更大想象空间。

我国政务云的进展、问题及对策建议

我国政府高度重视云计算的发展，从2015年到现在，云计算已经四次写入政府工作报告。随着云计算技术的不断普及，政务云以其灵活部署、弹性扩展、低成本、高资源利用率等优势在各级政府部门日益受到推崇，成为电子政务集约化建设的重要支撑。

我国政务云的主要进展

经过多年发展，我国政务云建设取得了显著成绩。中央层面，国家电子政务外网政务云平台已经为中央政务部门30余项业务系统部署提供了统一、安全、按需使用的基础设施环境及技术支撑服务。地方层面，《中国政务云发展白皮书2018》的

原题《我国政务云的探索与实践》，作者闫德利、殷利梅，发表于《大数据时代》，2019年第5期。

数据显示，2017 年，我国 31 个省级行政区（不包括港澳台）中，有 30 个省级行政区已经建有或正在建设（完成招标）政务云，占比超九成；在我国 334 个地级行政区中，有 235 个地级行政区已经建有或正在建设（完成招标）政务云，占比超七成。可以说，政务云已经成为各地发展电子政务的“标配”。

多项政策文件为政务云发展指明了方向

早在 2011 年，《国家电子政务“十二五”规划》就专门提出了“建设完善电子政务公共平台”的发展方向和应用重点，系统设计了“完成以云计算为基础的电子政务公共平台顶层设计”“全面提升电子政务技术服务能力”“制定电子政务云计算标准规范”“鼓励向云计算模式迁移”四项主要任务。为落实上述文件，原工信部信息化推进司出台了《基于云计算的电子政务公共平台顶层设计指南》，全面系统地指导各地开展基于云计算的电子政务公共平台建设，并确定北京市等 18 个省级地方和北京市海淀区等 59 个市（县、区）作为首批基于云计算的电子政务公共平台建设和应用试点示范地区。2012 年 6 月，《国务院关于大力推进信息化发展和切实保障信息安全的若干意见》提出：“全面提升电子政务技术服务能力，鼓励业务应用向云计算模式迁移。”2015 年初，国务院发布的《关于促进云计算创新发展培育信息产业新业态的意见》提出，探索电子政务云计算发展新模式。鼓励应用云计算技术整合改造现有电子政务信息系统，实现各领域政务信息系统整体部署和共建共用，大幅减少政府自建数据中心的数量。新建电子政务系统须经严格论证并按程序进行审批。政府部门要加大采购云计算服务的力度，积极开展试点示范，探索基于云计算的政务信息化建设运行新机制，推动政务信息资源共享和业务协同，促进简政放权，加强事中事后监管，为云计算创造更大市场空间，带动云计算产业快速发展。《国务院关于积极推进“互联网 +”行动的指导意见》也强调，“加大政府部门采购云计算服务的力度，探索基于云计算的政务信息化建设运营新机制”。

“十三五”以来，《国家电子政务总体方案》《“十三五”政务信息化工程建设规划》《政务信息系统整合共享实施方案》《“互联网 + 政务服务”技术体系建设指南》《云计算发展三年行动计划（2017—2019 年）》等一系列重要文件中均明确指出要加强政务云平台建设及应用。2018 年 10 月 29 日，工信部发布《电子行业 15 项国家标准报批公示》，15 项标准全部是基于云计算的电子政务公共平台服务规范、管理规范、总体规范、安全规范、技术规范等内容，这是政务云在标准规范领域的重大进展，为各级政府部门政务云建设发展立了标准，定了规矩。

有力支撑电子政务集约化、数据共享和业务协同

政务云支撑电子政务集约化发展

目前各地政务云建设基本上采取对信息系统的运行环境进

行整合的方式，即已建信息系统逐步迁移到政务云平台上，新建系统通过购买服务的方式进行建设，最终使得所有的信息系统都在统一的政务云平台上运行，初步形成电子政务集约化建设的发展格局。广东省 56 个省直部门共 1000 多个系统以及 21 个地市政务信息系统迁移上云，政务云提供从底层基础设施到上层应用软件等各类服务超 366 种。宁夏电子政务公共云平台按照全区政务民生信息化“3+X”架构（即一网一库一平台加 X 个云应用系统）总体规划，采用企业投资建设、政府购买服务方式，面向全区各级机关事业单位提供云计算、大数据等各类定制化服务，截至 2017 年 4 月底，云平台总体占用率已达到 77.8%，有效实现了政务应用的集中部署。昆明市政务云建成后已有 39 个部门“拎包”入驻，264 个业务系统迁移上云，享受一站式服务，各个部门的信息化建设从此可以“轻装上阵”，有效避免了分散建设，重复投资。

政务云支撑数据共享和业务协同

随着政府部门上云业务的不断增多，政务云平台上积累的数据也呈快速增长的趋势。贵州、江苏、广州等省市充分利用政务云平台数据聚合和关联分析等功能，将以往散落在各个部门的数据逐渐串联起来，让政府部门看起来杂乱无章的数据在扶贫、社会救助、综合治税等业务中展现了数据共享和业务协同的能力。贵州创新开发了“精准扶贫云”平台，打通了扶贫、公安、医疗等 17 个部门和单位的数据，实现实时共享交换，能够精准识别扶贫对象的车子、房子、医疗、社保、子女教育等情况，助力真扶贫、扶真贫。江苏民政依托政务云平台实现“全业务、全流程、全关联”，构建覆盖省到社区五级、横向到边纵向到底的民政信息网络体系，云平台整合了34个子系统，共计介入11个民政部及省级现有系统，汇聚民政100多个服务事项，采取场景化导航、菜单式服务，可查救助渠道、社会组织、灾害预警、行政区划，将养老、救助、婚姻登记等服务信息和大数据“一网打尽”。广州市使用部署在政务云平台上的信息共享交换系统之后，办税率由原来的69%增加到98%，基本覆盖广州所有企业的税源，使财政每年增收50多亿元。

基于政务云的深度应用让老百姓真正体会到便捷

经过不断探索，政务云已经基本形成了后台是数据资源支撑，前台是“互联网+政务服务”的应用模式。政务云应用逐渐走向前台，“让数据多跑路，让百姓少跑腿”的承诺不断兑现。截至2018年9月底，教育部基于云计算的国家教育资源公共服务平台已开通教师空间1248万个、学生空间589万个、家长空间534万个、学校空间40万个，让优质资源和创新应用惠及人人。以“数字广东”基于政务云开发的“粤省事”小程序为例，该程序选择社保、户籍、交管、残疾人专门服务等常用场景和高频事项入手，将广东各个业务部门的民生服务通过数据开放共享和流程再造统一管理起来，通过“实人+实名”身份认证核验，无需重复注册，即可通办所有上线民生服务，实现了多人群全方位覆盖，通过指尖触达的方式使日常事项的办理流程更加方便快捷。作为浙江“最多跑一次”改革的重要载体，浙江政务服务网在政务云的支撑下累计注册用户数已超过1660万，浙江政务服务APP下载量超过840万，已有243项便民服务接入浙江政务服务APP中。云上贵州APP平台主要包括服务频道、城市频道、部门频道三个栏目和网上办事大厅、群众需求征集两个独立版块，包含了全省医疗健康、交通出行、教育服务等各类服务，直接提供省政府政务服务中心覆盖省市县乡村五级的近十六万项政务服务。上海“健康云”自2015年实施以来，通过居民端和医生端的互联网APP应用，正在逐步实现家庭医生自主选、健康档案随时阅、预约分诊医生帮、免疫接种线上约、购买药品专人送、亲情账户亲人管等线上服务，目前已覆盖全市241个社区卫生服务中心以及1000余家服务站点，覆盖率达到100%；投放物联网监测设备2488台，日均健康监测约18000人次，线上注册人数近140万人。

政务云发展面临的主要问题

虽然政务云为进一步深化“放管服”改革，为各级政府部门履行行政职责和为公众提供更优的服务提供了强有力的支撑，但是在发展过程中仍然存在一些亟待解决的问题。

信息系统迁移上云存在一定困难

政务云建设已经十分普遍，但是实际上有很多政府部门的数据中心、业务系统先于政务云建设完成。虽然国家及很多地方都出台规定，原则上不再新建基础设施，明确要基于政务云开展业务应用，但是对于分散在各部门的原有基础设施以及业务系统来说，进行信息系统的整合和迁移上云还存在这样或那样的困难，如上云理念滞后，安全性、技术性障碍等等，因此信息系统迁移上云已经进入攻坚期。

“重建设，轻应用”的现象依然存在

虽然我国政务云整体上已经由大规模基础建设阶段逐步转入深化应用阶段，但是数据资源的利用率普遍偏低，仍以点上应用为主，缺乏规模化、系统性的应用。主要原因：一是政府部门的意识不强，应用重视程度不够，仍然“就项目论项目”；二是统筹协调机制尚未有效建立，各部门间信息孤岛难以打通，资源整合和业务应用难以开展，对企业和公众的服务更加难以施展。

云平台的政务信息安全面临挑战

云平台核心技术缺失危及系统安全

开源技术为政务云平台的快速发展提供了成长通道，但是

随之而来的云主机安全、中间件安全、操作系统安全、网络安全、应用安全等系统层面的安全问题却不容忽视。在政务云平台的建设过程中，一些系统安全问题逐渐暴露出来，如稳定性差故障多，版本分支繁多且相互不兼容，跨厂商无法迁移升级等等，同时由于被动适应国外开源云平台的技术路线，一些云平台缺乏系统的总体规划设计，软件模块往往由不同厂商提供，组件一致性差，整个系统不具备可扩展性，很容易出现系统安全问题。

云平台数据安全面临严重威胁

近年来，云平台大规模数据泄露的安全事件不绝于耳。政府部门将数据托管给服务商后，实际的数据控制权转移，对数据享有优先访问权的不是政府部门，而是云服务商。这种控制权旁落的状况无疑会对政务数据安全构成极大风险。并且在实际运营过程中，为了实现成本效益，在多个政府部门共享资源的情况下，云服务商通常将多个政府部门的数据集中存储，如果缺乏必要的数据隔离措施和安全的应用程序接口控制，很可能产生数据混同和数据丢失的情况。2017 年 6 月，美国共和党全国委员会承包商——营销公司 Deep Root Analytics 托管在亚马逊云平台上的数据库泄露，暴露了超过 1.98 亿美国公民 1.1TB 的资料，约占投票人口的 61%，泄露的数据包含美国选民的个人信息，如姓名、出生日期、家庭住址、电话号码和选民登记细节。可见，数据安全问题必须引起高度重视。

政务云生态还需要进一步完善

我国在安全可控的政务云平台产品方面已取得一定的成绩，在云主机、中间件、操作系统等各细分市场中均已有相应的产品和服务供应商，服务器、机房管理、宽带网络占据了我国四分之三的政务云市场。但是，政务云产品多集中于基础设施领域，从产品技术水平到服务范围尚未形成差异化竞争优势，特别是在涉及政务云平台核心技术的专用芯片、操作系统等基础安全领域，产业链整合能力稍逊，政务云的生态体系和格局分工仍在形成之中。

完善我国政务云发展的对策建议

进一步强化统筹协调

首先是转变思想，提高认识。经过这些年的建设发展，政务云基础设施进一步夯实，已经到了深化应用亟待出成效的阶段，各级政府部门应当转变思想，坚持以人民为中心，直面各种问题，以更大的勇气和智慧攻坚克难，冲破各种藩篱和束缚，打破信息孤岛，实现互联互通。其次是建立起统筹协调机制，善于运用各种工具和手段，以问题为导向，通过调查研究深入了解政务云面临的困难是什么，问题在哪里，开展专项攻关，以“蚂蚁啃骨头”的精神一个一个攻关，一个一个突破，为政务云深化应用扫清障碍。

政府与第三方平台协同推进政务云应用

在越来越多的政府数据上云的基础上，如何开发利用这些数据更好地开展政务应用和服务成为各级政府部门面临的重要议题。应充分利用社会化第三方平台的力量共同推动政务云应用，建立政务云的良好生态体系。充分发挥互联网企业作为政府和公众之间连接器的角色作用，如可以借助微信在与人们生活联系最为紧密的政务民生服务领域的优势，从公众的需求出发，以政务云为支撑，以数据共享和业务协同为主线，以人工智能、大数据等先进技术为工具，通过统一入口单点登录，可随时随地一键通办所有上线政务服务。再者，可以考虑政府数据授权使用，针对云平台上集聚的大量数据政府依法授权给第三方，由第三方开发使用，并向公众提供服务，政府主要起到指导和监督作用。

进一步完善政务云应急处置和风险防范体系

虽然面向云环境的迁移确实能够在稳定性与弹性方面为政府部门带来巨大帮助，但是各种不易被发现的不安全因素也因此增加，云平台单一服务失败可能引发大规模服务瘫痪。近年来，云服务宕机波及大量互联网应用并不罕见。政务云平台承载着大量的公共服务，一旦发生宕机造成的损失将是惊人的。政务云平台运营方应在平时做好应急处置预案，不断完善运营安全管理制度，一旦发生宕机，能够及时发现异常，迅速排查问题，尽量避免数据丢失，尽快恢复服务。政府部门还应结合业务重要程度和预算多寡，适时考虑多云策略，即选择多个政务云服务商，将多个政务服务分散放在几个品牌的政务云平台上，降低某个政务云平台宕机造成全部业务停摆的风险。

建立政务云绩效评估体系

传统电子政务绩效评估体系多将政府网站作为重点评估对象，对数据挖掘、数据共享等后台功能关注较少。在政务云时代，云平台已经将网站建设工作大大简化，政府网站建设水平高低不能成为全面反映政务云水平高低的指标，应当结合推广政务云时确定的数据共享、数据交换等目标，充分利用政务云平台的各项统计功能，尽可能地采用量化指标体系，建立反映政务云特点的绩效评估体系。

积极探索区块链技术在政务云平台的应用方案

区块链作为近年来备受关注的新技术，应用领域已经延伸到物联网、智能制造、供应链管理等多个领域，其不可篡改、全网通报的技术特性，能够有效对接政务云平台大力推行的“一站式服务”“政务信息公开”等公共服务形式，建议有条件的地区应该大胆先行先试，积极探索区块链技术在政务云平台的应用方案，为政务云平台的发展插上新技术的翅膀。

2016年人工智能产业发展综述

1956年，麦卡锡、香农等十位年轻学者在达特思茅夏季人工智能研究会议上首次提出人工智能（Artificial Intelligence，AI）的概念。六十年来，人工智能的发展起起伏伏。十位科学家中的最后一位明斯基也在2016年初离开人世。

2016年是一个时代的结束，也是新时代的开端。3月份，谷歌AlphaGo战胜韩国围棋九段李世石，震惊世界，迅速点燃了人们对人工智能的关注。受到广泛关注背后的深层次原因是，新一轮的技术创新把人工智能发展带上了快车道。随处可见的互联网、大数据和传感器，基于云平台的大规模计算能力，以及算法的重大突破，计算机已经可以凭借深度学习独立完成更为复杂的任务，人工智能已经无处不在。

原题《2016年人工智能产业发展综述》，作者闫德利，发表于《互联网天地》，2017年第2期。

世界各国纷纷出台人工智能战略

美国是信息技术的起源地，引领着人工智能的发展。自2013年开始，美国发布了多项人工智能计划，2016年更是加紧了对人工智能的布局。国防部高度重视人工智能技术，认为“人机协作”是第三次抵消战略中“高科技圣杯”，并于2015年在硅谷新成立DIUX外设办公室，以加强与新兴创新企业的合作。作为互联网的发明者，国防高级研究计划局（DARPA）正在加快研究人工智能技术，在2016年8月发布了“可解释的人工智能（XAI）”项目广泛机构公告。除国防领域，美国白宫在2016年10月发布《为未来人工智能做好准备》和《国家人工智能研究与发展策略规划》两份重要文件，12月跟进发布《人工智能、自动化与经济》报告，从而将人工智能上升到了国家战略层面，为美国人工智能的发展制定了宏伟计划和发展蓝图。

除美国外，2016年多国政府也发布了相关发展战略与计划。例如，英国政府发布《人工智能：未来决策制定的机遇与影响》的报告；日本文部科学省确定了“人工智能/大数据/物联网/网络安全综合项目”（AIP项目）2016年度战略目标，《再兴战略2016》将人工智能发展列为十大复兴战略之首；中国发布《机器人产业发展规划（2016—2020年）》和《“互联网+”人工智能三年行动实施方案》。在2016年之前，欧盟也发布了《欧盟人脑计划》。

人工智能成为科技巨头的战略支点

当前，移动互联网发展红利逐步消失，后移动时代已经来临。科技巨头纷纷把人工智能作为后移动时代的战略支点，努力在云端建立人工智能服务的生态系统。

2016 年，Facebook、亚马逊、谷歌、百度等公司不约而同的宣布 AI 是他们未来的业务核心。扎克伯格在 4 月份 F8 开发者大会上发布了 Facebook 未来十年规划，人工智能成为其远景布局中的三大支柱之一。亚马逊创始人贝佐斯在 6 月份表示，Alexa 语音助手有望成为继电商、Prime 和 AWS 之后的公司第四大业务支柱。谷歌在 10 月宣布其发展战略从 Mobile First（移动先行）转向 AI First（人工智能先行）。

面对人工智能的机遇和挑战，2016 年 9 月 Alphabet、IBM、Facebook、亚马逊和微软五家美国科技巨头宣布组成人工智能联盟“Partnership on AI”；四个月后，苹果公司也加入。AI 联盟致力于推进公众对人工智能技术的理解，同时也将设立未来人工智能领域研究者需要遵守的行为准则，并针对当前该领域的挑战及机遇提供有益有效的实践。

在国内，百度布局人工智能的时间较早，2013 年就成立了深度学习研究院和硅谷人工智能实验室。2016 年 9 月发布百度大脑，在发布会上李彦宏强调：人工智能将是百度核心中的核心。腾讯也成立了 AI lab，聚焦自然语言处理、语音识别、机器学习、计算机视觉等四大发展方向。

顶尖人才争夺战激烈上演

人工智能的发展离不开顶尖的科学家。而全球顶尖人工智能人才十分稀少，仅有寥寥几十人，且主要分布在以卡耐基梅隆大学、斯坦福大学为代表的高校院所。2016 年，科技公司对 AI 人才的争夺日益激烈。他们不惜重金，开出的薪资待遇堪比 NFL（美国国家橄榄球联盟）球星的签约费。

其中，谷歌对 AI 人才的争夺最为抢眼。2013 年 3 月，谷歌挖到多伦多大学计算机系教授、深度学习鼻祖杰弗里·辛顿（Geoffrey Hinton）。2016 年 11 月，谷歌吸引到了两位计算机视觉领域的佼佼者——斯坦福大学计算机系终身教授、人工智能实验室与视觉实验室主任李飞飞，以及 Snapchat 公司研究部门负责人李佳，两人将管理和领导谷歌全新的机器学习部门。

除了 Google，其他竞争对手也大肆招募人工智能大牛。Facebook 早在 2013 年就聘请纽约大学计算机学家、人工智能领域的著名教授雅恩·乐昆（Yann LeCun），来担任新成立的人工智能实验室的主管。Uber 在 2015 年聘请了卡耐基梅隆大学国家机器人工程中心 140 位工作人员中的 40 位，并专门拨出一个团队研究自动驾驶汽车。苹果在 2016 年 10 月找到卡耐基梅隆大学机器学习教授 Russ Salakhutdinov 作为该公司人工智能研究的负责人。微软在人工智能领域的人才储备最为丰富，2016 年成立了新的“人工智能和微软研究事业部”，在 2017 年初通过收购加拿大深度学习创业公司 Maluuba，获得了 Maluuba 顾问、深度学习领域中的杰出人物约书亚·本吉奥

（Yoshua Bengio），来担任微软的特聘顾问。

在国内，百度于 2014 年聘请吴恩达担任首席科学家，负责百度研究院的领导工作。2017 年初，微软全球执行副总裁、人工智能领域的技术权威陆奇加盟百度。机器人创业公司优必选在 2016 年底挖到了 IEEE 前主席霍华德·米歇尔。

创业创新投资快速增长

自 2012 年开始，人工智能初创企业投资开始快速增长，2016 年更是如此。据 CB Insight 统计，2016 年人工智能领域投资交易达到 658 宗，融资额 50 亿美元，比 2015 年增长 64%。如图 1 所示。

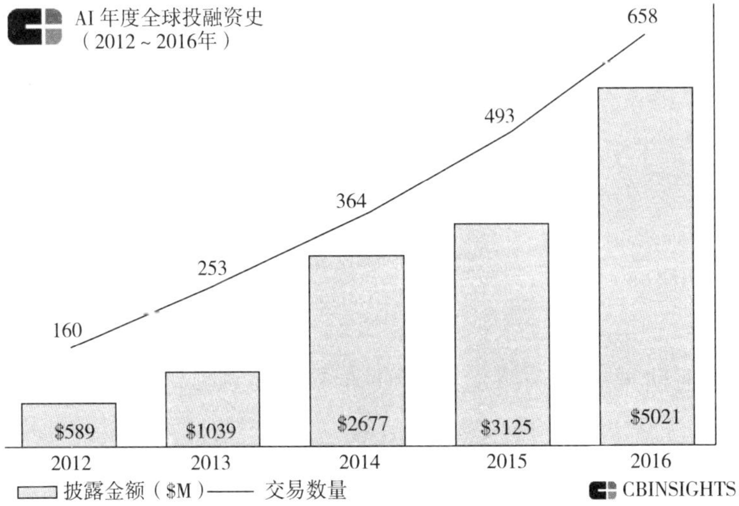

图 1　近年全球人工智能投融资规模

国内的形势也同样乐观。《乌镇指数：全球人工智能发展报告2016》显示，中国人工智能投资在2016年上半年达到了约6亿美元的规模，其中第2季度更是达到了创纪录的4.7亿美元，显示出中国在人工智能领域的投资明显加快，紧跟在美国、西欧等发达国家之后。

2016年人工智能领域还诞生了三家新的独角兽，即无人驾驶汽车创业公司Zoox、中国的健康医疗人工智能初创企业碳云智能和美国的人工智能网络安全初创企业Cylance。

科技公司也加强了专利竞争。根据CB Insights数据，在美国五大科技巨头中，微软和谷歌的人工智能专利申请数量居领先位置。如图2所示。自2009年来，微软已经申请了超过200个人工智能相关的专利，谷歌超过150个。而在最近一年（2013年）[①]，谷歌申请的人工智能技术专利数量远超过了微软。而苹果的专利数量相对落后。

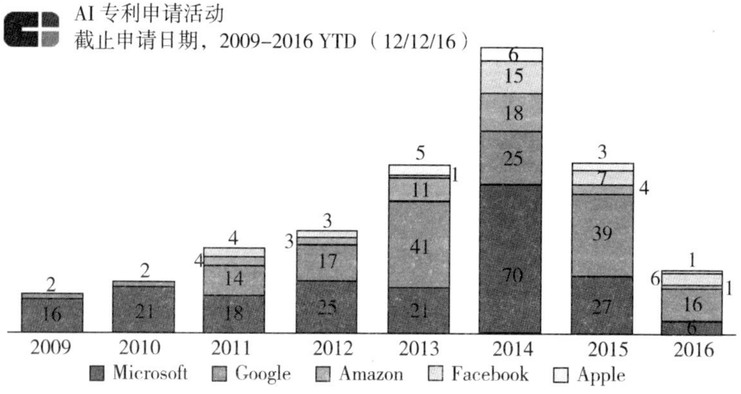

图2　美国五大科技公司人工智能专利申请数量

① 由于专利公布时间的滞后，2014年之后的专利数量数据尚不完整。

典型行业应用频现

人工智能在很多领域有着广泛的应用。目前重点部署的应用有语音识别、自然语言处理、图像识别、计算机视觉、自动驾驶、无人机、智能机器人等。在家居、媒体、医疗、金融等行业有着较成功的应用。下面重点介绍在语音、媒体和自动驾驶领域的进展。

语音助手：亚马逊Alexa成为耀眼的明星

近年来，科学家们致力于提高机器的沟通能力，让它们能够更自然地与用户进行交流。智能语音助手就可以实现用人类语言与机器沟通，乃至通过机器与自然界沟通。

苹果是智能语音助手的市场开拓者。2011 年 10 月，苹果在 iPhone4s 的发布会上推出智能语音助手 Siri。通过它，用户可以用语音来实现打电话、发短信、设置闹铃等功能。随后的几年时间里，Google Now、微软 Cortana、Facebook M 相继诞生。2016 年，语音助手市场继续蓬勃发展。三星收购 Harman、Viv Labs 等公司，在年底推出基于 Viv 的语音助手 Bixby；诺基亚也在加紧开发自己的语音助手 Viki。

与多数厂商从智能手机切入不同，亚马逊另辟蹊径从智能家居发展语音助手，并获得了极大成功。2014 年 11 月，亚马逊发布内置 Alexa 语音助手的 Echo 智能音箱。Alexa 是一款完全基于语音指令驱动、无需屏幕的 AI 语音助理软件。用户可以说出“Alexa”来唤醒，并通过它完成播放音乐、查询天气、设置闹铃、打车、查询菜谱、购物等功能。2015 年 8 月 Alexa 正式向第三方开放。目前，搭载 Alexa 的硬件品类已经超过一万种，产品品类包括电器、手机、机器人、汽车信息娱乐系统等，品牌涵盖了 LG、华为、GE、福特、大众、联想、优必选等。

亚马逊 Alexa 的成功，吸引了其他厂商的进入。2016 年 5 月，Google 推出 Google Now 的升级版新一代智能助理 Google Assistant ，以及基于 Google Assistant 的智能家居产品 Google Home。微软通过与哈曼卡顿合作，将 Cortana 智能助手集成至智能音箱，预计将于 2017 年上市。在国内，京东与科大讯飞联合发布了叮咚智能音箱，百度发布了度秘。

媒体领域：个性化推荐和写稿机器人是亮点

个性化推荐改变了传统的阅读模式，近年来取得快速发展，今日头条、天天快报、一点资讯和 smartnews 等产品迅速崛起。其中今日头条在 2016 年的估值上升到 100 亿美元。

机器人在新闻中的应用越来越广泛，它特别适用于财经、体育报道等程序化、模板化的快速新闻写作。Wordsmith 是一款十分受欢迎的自动写作软件，它擅长分析处理海量数据且写作速度极快，在企业公布财报的下一秒，就可以自动生成一则 300 ~ 500 字的新闻。美联社早在 2014 年就启用 Wordsmith 机器人进行财经报道。在使用之前，美联社每个季度会发布大约

300 篇此类新闻，现在则最多可产出 4300 篇。雅虎、《福布斯》《纽约时报》等机构也争相应用 Wordsmith，甚至将其适用范围拓展到了教育、公共安全等领域。除 Wordsmith 外，Narrative Science 开发的 Quill 也是一款具有竞争力的语言处理平台。

国内新闻媒体对机器人的应用也如火如荼。2015 年 9 月，腾讯推出写作机器人 Dreamwriter，它在 2016 年里约奥运会中撰写了超过 3000 篇的赛事新闻报道。新华社也在 2015 年 11 月启用机器人写稿系统“快笔小新”，供职于体育部、经济信息部和《中国证券报》。

自动驾驶：科技公司和汽车厂商纷纷涌入

自动驾驶是人工智能行业市场空间最大的领域之一。谷歌布局较早，2009 年就在 Google X 实验室秘密启动自动驾驶项目。过去 8 年，谷歌在公共道路上对无人驾驶汽车进行了超过 200 万英里的测试。根据加州车辆管理局数据，2016 年谷歌无人车上路试验中一共行驶了 63.6 万英里，比 2015 年增加了一半。每 1000 英里汽车紧急脱离无人驾驶状态的次数，从 2015 年的 0.8 次降低到了 0.2 次。简言之，谷歌自动驾驶技术更加成熟，可靠性更高。在 2016 年全部上路测试中，谷歌一共发生了 124 次紧急脱离自动驾驶状态的情况。绝大部分属于驾驶软件故障，其他问题包括道路上人员出现异常行为、自动驾驶汽车出现不必要的操控动作，周边环境和物品识别方面出现偏差等。

为加快商业化步伐，2016 年 12 月谷歌将自动驾驶汽车业务从 X 实验室分拆，成立独立实体公司 Waymo，作为 Alphabet 旗下第 12 个业务部门。Waymo 将做一家技术方案提供商，不再开发自动驾驶汽车硬件，主要关注自动驾驶系统，未来将会把技术授权给传统汽车业制造商。2017 年伊始，Waymo 宣布在雷达传感器这一前沿技术领域取得重大进步，把其生产成本降低九成。这意味着整车成本将降低 45%。

除谷歌外，苹果、特斯拉、百度、Uber 等科技公司纷纷发展自动驾驶技术。与谷歌类似，苹果 2016 年对自动驾驶项目进行了调整，专注于研发自动驾驶系统。特斯拉于 2016 年 10 月发布了具有全自动驾驶功能的 Autopilot 2.0 系统。2017 年伊始，百度发布了 Baidu iV 和 RoadHackers 自动驾驶开放平台。Uber 拟把自动驾驶技术应用于出租车行业，2016 年 9 月在匹兹堡推出了由自动驾驶汽车组成的小型车队。随后，在旧金山（已移到亚利桑那州）推出自动驾驶汽车服务。2016 年，Uber 还与沃尔沃达成合作，以 6.8 亿美元收购无人驾驶卡车初创企业 Otto。

福特、宝马、丰田、奥迪、沃尔沃、戴姆勒等传统汽车厂商，英伟达、英特尔等芯片厂商纷纷入局自动驾驶，推动无人驾驶汽车能在 2021 年前正式上路。截至 2017 年 2 月，加州汽车管理局颁发的测试自动驾驶许可已达 22 个。汽车厂商加强了对 AI 公司的投资收购。2016 年 10 月，通用斥资 10 亿美元收购了无人驾驶技术初创公司 Cruise Automation。2017 年 2 月，福特向人工智能技术新创公司“Argo AI”投资 10 亿美元，助其研发自动驾驶人工智能软件。这是底特律传统汽车业在自动驾驶领域的最大规模单一投资。

自动驾驶技术发展如火如荼，但同时面临许多监管和法律上的障碍。2016 年 5 月，特斯拉一名车主在智能驾驶系统 Autopilot 处于开启状态时发生交通事故并死亡，究竟由谁担责引发巨大争议。这需要政府部门加快出台相关政策，以保障自动驾驶健康长远发展。

人工智能将对就业产生结构性影响

科技发展与进步必然提升社会效率，解放人力。第一次工业革命引发了“机器问题”，大量工人被机器取代。人工智能的发展也将引起就业结构的巨大变化。那些单一特定领域的重复性工作、思考模式可以被理性推算的工作将被大量取代，翻译、记者、助理、保安、司机、销售、客服、交易员、会计、保姆等职业将在未来十年大大减少。同时，人工智能的发展将创造很多新的岗位，如数据科学家、自动化专家和机器人监控专业人士等，高端需求将大量增加。就业结构的变化要求教育、社会保障等领域加快变革，提早应对。

人工智能威胁人类生存？

不少人担心，人工智能会超越人类，威胁人类的生存。甚至物理学家史蒂芬·霍金、微软联合创始人比尔·盖茨、特斯拉首席执行官埃隆·马斯克等人都表达过类似的担忧。

诚然，人工智能的发展已取得巨大进步，计算机可以顺利完成一些特定任务，但目前还是处在弱人工智能的初级阶段，相关的商业模式仍在早期的实践和探索。普通人眼中的一些常识，对缺少通用智能的计算机来说却是一项异常艰巨的任务。在未来很长一段时间，人工智能只是人类的工具，在社会和经济生活中扮演协作者、助力器和加速器的角色。

当然，人工智能发展引发的就业结构变化、伦理道德、税收体系、法律体系的适用性等问题，都是需要我们积极应对的。

第四篇

推动产业数字化，加快数字化转型步伐

“要推动产业数字化，利用互联网新技术新应用对传统产业进行全方位、全角度、全链条的改造，提高全要素生产率，释放数字对经济发展的放大、叠加、倍增作用。要推动互联网、大数据、人工智能和实体经济深度融合，加快制造业、农业、服务业数字化、网络化、智能化。”① 当前，“世界经济数字化转型是大势所趋”，制造业成为数字经济的主战场，零售业、旅游业的数字化转型进展迅猛。各类企业大步迈向数字化转型之路。

① 《习近平：敏锐抓住信息化发展历史机遇 自主创新推进网络强国建设》，新华社，http://politics.people.com.cn/n1/2018/0421/c1024-29941345.html，2018年4月21日。

互联网 + 制造的生态体系路线图

互联网 + 制造是以互联网为核心的新一代信息技术与制造业的深度融合所形成的产业和应用生态，大数据及云计算平台是实现产业应用的重要基础，基于大数据及云计算平台可以对海量制造业数据价值进行挖掘，实现生产智能决策、业务模式创新、资源优化配置和产业生态培育。2012 年以来，在 GE、西门子等国际制造业巨头推动下，制造业、IT 软硬件企业和互联网公司积极加入，使各类制造平台在全球快速发展，形成了互联网 + 制造的平台体系。

互联网 + 制造平台是跨制造产业、信息通信产业等的信息交汇与聚合枢纽，是互联网 + 制造的核心环节，也是当前制造业和信息通信产业各路巨头战略布局的重要方向，众多国内外企业已经纷纷加入互联网 + 制造的平台产品建设与运营当中。

从发展进程看，全球互联网 + 制造平台尚处于发展初期，

原题《新工业革命：互联网+制造业生态体系路线图》，作者腾讯研究院，发表于《互联网前沿》，2017年第4期。

我国需要把握机遇，及早布局，发展强大的平台产品及平台生态，这对于我国抢占产业竞争制高点，构建完善产业体系，巩固在制造业领域的优势地位具有尤为突出的意义。

制造企业构建互联网 + 制造新生态

工业巨头合力打造工业互联网平台

近年来，传统工业巨头将云计算、物联网、大数据等新一代信息技术和架构与制造业相融合，构建了工业互联网平台，主要代表是 GE 的 Predix、西门子的 MindSphere 以及我国海尔的 COSMO 等平台，大力推动了互联网 + 制造创新发展。

特征：互联网创新技术与生态在工业领域复制与融合

从实现方式上看，GE 的 Predix、西门子的 MindSphere 等平台聚焦企业资源的管理与运营，利用传感器、移动通信、卫星传输等网络技术远程连接智能装备、智能产品，在云端汇聚海量设备、环境、历史数据，利用大数据、人工智能等技术及行业经验知识对设备运行状态与性能状况进行实时智能分析，进而以工业应用程序（APP）的形式为生产与决策提供智能化服务。

从平台特征上看，这类平台是互联网创新技术、生态模式在工业领域复制、融合的突出体现。这类平台充分融入主流、前沿的物联网、云计算、大数据、人工智能等技术。西门子的MindSphere平台采用了内存计算的先进计算模式，引入了IBM的Watson人工智能技术；GE的Predix平台基于云计算流行的开源架构Cloud Foundry。同时，这类平台充分采用互联网行业的开发模式和应用服务提供模式。MindSphere、Predix等都提供软件开发环境和开发工具，强调第三方开发者和应用程序接入，旨在形成类似谷歌安卓、苹果APP商店的第三方开发应用生态。

从价值拓展上看，这类平台直接获取机器设备运行参数，通过对海量历史经验数据、实时运行数据的集成与建模分析，实现远程设备状态监控、预测性维护、能效管理等智能化服务，提高机器效率、降低能耗、降低故障率、拓展服务和价值空间。

目标：工业巨头通过平台强化各自领域的主导地位

国际制造业巨头是工业互联网平台推进的主力，意图通过平台进一步强化在各自领域的主导地位。

首先，通过平台为自己公司的高端产品提供服务，通过丰富、专业、智能、精准的应用服务，使用户获得更好的体验和收益，形成对其产品更强的黏性，实现“使用用户的数据、为用户提供服务、赚取用户的钱”。

其次，通过平台获取广大用户的海量运行数据，形成对企业、对行业更加精准的预知。

再次，通过平台留住客户，由于客户海量数据置于平台，且对平台服务产生依赖，客户将很难向其他平台迁移。

最后，依托平台培育开放的开发者生态，未来可能像苹果或谷歌那样通过 APP 服务产生收益。

生态：聚合强大的产业能力和应用服务

国际制造业巨头凭借工业互联网平台产品及行业应用，整合数据及经验，集聚 IT–OT 层上下游企业，逐步构建自主掌控的智能制造产业生态。同时，基于平台产品并购技术企业，扩展平台能力。

例如，GE 率先围绕 Predix 平台构建了产业生态，2016 年围绕 Predix 平台的收购案近 10 起，总金额近 400 亿美元。具体包括：并购全球第三大油服公司贝克休斯，为平台扩展石油服务应用；收购 LM，获取风力发电领域服务应用能力；收购 Bit Stew Systems 和 Wise.io，为 Predix 平台拓展从电厂、飞机引擎到数据库和软件分析能力；收购了 ServiceMax，拓展 IoT 平台管理能力。

再如，西门子大力推动 MindSphere 云平台，拓展全球应用。继 2016 年在汉诺威工业展上正式推出 MindSphere 平台之后，2017 年，其大力拓展包括云基础设施服务商、软件开发者、物联网初创企业、硬件厂商等的 MindSphere 生态圈。在底层的云计算基础设施方面，西门子与多家云服务商合作，重点构建操作系统，提供开放的能力接口，吸引行业客户或软件开发者开发更多的工业 APP，并将这些 APP 推荐给更多的客户使用。客户可以根据自身需求选择相应 APP 对工厂运营数据进行分析，实现对生产线的智能控制，如进行预测性设备维护、远程故障诊断、产品追踪等。在云服务层面，MindSphere 合作伙伴包括亚马逊 AWS，也包括微软。微软为西门子提供大数据、软件计算开发能力。其与西门子合作，主要是看重西门子在工业设备领域的能力。借助西门子的 MindSphere，微软能够将自己的产品推广给更多的工业客户。在应用层面，西门子与合作伙伴已经一起开发出超过 50 个 APP，供各类工业客户选用。在 MindSphere 生态系统里，西门子自己开发了基础的工业 APP，提供各种能力，使广大合作伙伴可以基于西门子的原生 APP 迭代出更多的专业性 APP。西门子提供的能力就像乐高的基础积木，客户或合作伙伴能够以搭积木的方式把它的分析、应用模型逐渐搭起来。

按照西门子的规划，MindSphere 第一批投放的国家主要是中欧、北欧、美国、英国，第二批覆盖中南欧如意大利、瑞士等，中国将是第三批投放的国家。目前，MindSphere 已经被一些厂商采用，比如生产研磨机械的设备制造商格林将几个关键部件的状态参数采集到 MindSphere 上，尤其是刀具的参数，经过一年多的数据累积、测试，该平台已经能够预测刀具的磨损状态，及时提醒格林更换刀具。

可以看出，西门子等厂商从设备数据采集出发、自下而上构建物联网生态圈之时，互联网、IT 企业也希望将自己的云计算、物联网、大数据等服务自上而下地向工业领域渗透。

制造企业构建互联网+制造垂直应用平台生态

伴随着工业巨头持续打造工业互联网生态，各国制造企业也根据各自所处领域的行业特点、业务类型、市场特点不同，分别推进按需定制（C2B）平台、软硬件资源分享平台、协同制造平台、供应链协同商务平台等，聚集资源的精准配置和流程的灵活重组，通过云接入分散、海量的资源，对制造企业资源管理、业务流程、生产过程、供应链管理等进行优化，提升供需双方、企业之间、企业内部各类信息资源、人力资源、设计资源、生产资源的匹配效率。

按需定制平台，提升个性化制造水平

按需定制平台可前端连接大众用户，后端连接智能工厂，使供需直接交互、精准对接，开展以用户为中心的 C2B 定制，满足市场多样化需求，实现增品种、提品质、创品牌，同时避免库存积压和产能过剩。

按需定制平台最经典的案例就是红领集团，其专注于服装规模化定制生产全程解决方案的研究和试验，以订单信息流为主线，以海量版型数据库和管理指标体系为载体，以生产过程自动化为支撑，形成了独特的“红领模式”，开启了中国制造业按需定制的先驱，成为我国互联网 + 制造的标杆企业。

除此之外，海尔在互联工厂模式的基础上，构建以用户为中心的 COSMO 平台，汇聚用户需求，直接转化订单排产，同步预约下单，实现了产品开发 100% 用户参与设计，生产线产品 100% 订单有主，订单交付周期缩短 50% 以上，更好地把握了终端用户需求，实现了无缝化、透明化、可视化的最佳体验。

软硬件资源分享平台，促进产能优化

软硬件资源分享平台是指将分享经济、众创经济等新理念引入生产制造领域，推动制造业开放创新资源，有效盘活闲置存量资产，激发新的增长点。分享软硬件制造资源将为制造业提供强大的生产动力，降低企业内设备的闲置率，在某种意义上，可实现制造业领域“获取胜过拥有”的互利合作。

一方面，在大型集团企业内部各种与企业运作有关的资源，如设计、仿真、设备等，均可以利用云制造实现共享，避免或减少重复投资。另一方面，软硬件资源分享平台也正在推动中小企业间的制造资源共享。目前，在国内已涌现出一批云制造服务平台，例如，在天智网云制造平台上，遍布全国 30 个省、市、自治区超过 2 万家企业可以在线上实时对接，快速共享生产资源。宝信软件打造的上海工业云公共服务平台汇集了汽车、民用航空、钢铁等领域上百类制造资源，为企业提供云设计、云仿真、云制造等服务。数码大方的工业软件云服务平台为 3 万多家制造企业提供软件租用、设计、制造等服务。

又如，航天云网专有云平台通过航天科工内部实行资源软整合，接入集团 600 余家单位，对设计模型、专业软件、仿真实验等上百种资源和平台在线能力，以及 1.3 万余台设备设施等进行分享，有效解决了生产单元产能闲置与超负荷运转同时存在的问题，使集团资源利用率提升了 40%，提升了集团的市场竞争力。

综上，借助互联网平台共享闲置设备，共享生产线空闲档期，共享人才和服务……兴起于大众消费和服务领域的共享经济，如雨后春笋般出现在制造领域，制造业将成为未来分享经济的重要战场之一，从而推动制造业实现转型。未来制造业将在共享理念的推动下，衍生出混合经营模式的企业，即把过剩的资源放到平台上共享出去，租赁和承接订单。制造网络将多种类型和规模的制造业企业联系起来，形成有效的制造资源共享机制以及巨大的制造能力，平台通过互联网和分享模式打通各行业的核心产业链，把全球创新与中国制造联系在一起。

协同制造平台，提升产业协同水平

协同制造平台是指通过大数据及云平台连接，打破地理约束形成的信息不对称，促进区域性和全球性的生产协同的平台。

典型案例是沈阳机床、神州数码和光大金控共建的智能云科平台。智能云科平台的基础是线下智能生产协同能力和工艺技术服务能力，通过平台接入分布在全国各地的六种类型、数千台 i5 智能机床等产品，提供金属切削加工等能力，根据订单智能匹配产能，大规模订单由需求方周边产能承接，单件或小批量订单也可以在合并汇聚后被接单，同时，用户还可实时查看装备忙闲状况和生产进度，掌握生产信息，制定生产目标。未来，智能云科平台通过整合资源，将形成完整的协同制造 O2O 服务体系。针对特定区域的行业特点组织设备和技术资源，建设面向企业用户的实体协同制造服务中心，支持制造业行业的转型升级。

供应链协同商务平台，促进各环节高效无缝对接

越来越多的制造企业通过互联网平台建立与上下游供应商、合作伙伴和客户的直接连通，集聚供应信息并进行深度挖掘分析，提高供应链的反应速度、匹配精度和调运效率，降低采购成本，减少产成品和在制品库存，缩短对客户服务的响应时间。据 Gartner Group 报道，全球有 20% ~ 30% 的原料采购通过在线采购的方式进行。在网络经济时代，企业的采购方式正快速向电子采购的方向转变，在线采购正逐步取代人工采购，成为国内外企业主要的采购方式。

- B2B 模式对接上下游采购需求。传统供应链产品选择范围小、管理难度大、生产线周转效率低，通过互联网平台，制造企业可与上游供应商无缝对接，快速集聚行业内优质供应商资源，在最短时间内以最低成本实现原材料采购的高效匹配，推动企业采购与供应链管理创新。为此，一些企业积极完善 ERP 管理，加强买方系统（Buy-sidesystems）或卖方系统（Sell-sidesystems）的开发和建设。

- 生产线供应链协同实现高效精准配送。传统物料配送环节经常会出现配送不及时、物料缺少或囤积等问题，从而影响生产计划。企业利用大数据、物联网完善智能信息系统建设，对生产配比、物料配送、产品质量等各环节进行协同管控，实现物料配送的系统化、流程化，降低物流成本和能耗，降低仓储损失，加速了资金周转，提高了整个供应链的运行效率。

- 仓储物流平台高效配置物流资源。物流系统的整体目标

是追求以最低成本提供令客户满意的服务，而仓储系统在其中发挥着重要作用。随着企业生产规模不断扩大，当今的仓储物流早已不仅仅局限于企业自身物料保管、运输、装卸、流通加工等功能，需要整合全国各地仓储物流资源以有效保障自身货物流通，而基于互联网的仓储物流平台将有效解决这一难题。

IT 企业和互联网公司向制造平台拓展

IT 软件企业和互联网公司通过云平台提供云计算、物联网、大数据的基础性、通用性服务。其中有的侧重云服务的数据计算存储，如微软的 Azure、SAP 的 HANA、亚马逊的 AWS 及我国的阿里云、腾讯云等，有的侧重物联网设备连接管理，如思科的 Jasper、华为的 OceanConnect 等。

IT软件商和互联网平台向制造业拓展，提供计算与存储

从发展进程看，互联网企业的云平台发展要早于制造业的云平台，但其特点是过去互联网平台的主要应用是软件、信息、娱乐、社交和交易等，制造业的应用比较少。近几年，互联网巨头纷纷将制造业作为平台业务拓展的重点领域，为互联网 + 制造部署提供连接、计算、存储等底层技术支撑，成为“平台的平台”，使上层平台专注于与工业生产直接相关的服务，从而实现专业分工，发挥叠加效应。

IT 巨头也将云计算作为战略布局的重要方向，并将制造业作为重要的云服务拓展领域。

IT硬件及服务商向制造业拓展，侧重物联网设备连接管理及应用服务

随着物联网、云计算、大数据技术的兴起，越来越多的企业和创业者投身到物联网产业中。在物联网业务快速发展的同时，这些企业和创业者也面临着网络连接复杂，终端和传感器种类众多，集成困难，新业务上市周期长等挑战。为帮助合作伙伴应对这些挑战，一些 IT 硬件公司和应用服务商纷纷拓展平台服务，侧重于物联网设备连接管理及应用服务，期望从制造业中寻找新的发展空间。

例如，华为推出了 OceanConnect IoT 平台开放生态，旨在聚合各种应用与接入，推动产业发展，共同实现商业成功。OceanConnect IoT 平台提供了 170 多种开放 API 和系列化 Agent 帮助伙伴加速应用上线，简化终端接入，保障网络连接，实现与上下游伙伴产品的无缝连接。同时提供面向合作伙伴的一站式服务，包括各类技术支持、营销支持和商业合作等。截至目前，华为 OceanConnect IoT 平台开放生态已经集成了 200 多种终端 / 传感器，聚集了 80 多家重量级伙伴企业，涵盖车联网、智慧家庭、公共事业、油气能源等领域。在车联网领域，华为携手启明信息技术股份有限公司，为一汽提供车队管理、共享车等解决方案。

一些应用服务类企业专注于应用层，主要提供各领域服务应用及第三方开发环境，其他层级能力完全依赖第三方支持。代表产品是 Ayla 网络的 Ayla 平台，Ayla 平台所有的平台技术全部通过第三方集成，自身主要以应用开发及提供应用服务为主。

互联网 + 制造生态体系发展态势

随着信息通信技术与工业控制技术的快速融合，初步显现出以开放化平台为核心，向下整合硬件资源、向上承载软件应用的发展趋势。在此背景下，互联网 + 制造平台快速发展，助力制造业转型升级。

工业互联网发展迅速，竞争格局初步形成

随着美国、德国、英国和法国等发达国家相继更新制造业转型升级战略，以及 GE、西门子、微软等国际企业在工业互联网平台方面的布局，全球制造业将进入平台竞争时代。通用电气公司于 2013 年推出以 PaaS 为核心的 Predix 工业互联网平台产品，正式开启了国际工业互联网平台发展的序幕。随后，其他国际产业巨头纷纷加入工业互联网平台的竞争，西门子推出了 Sinalytic 平台，将所有跨业务的远程分析和维护服务进行整合；我国海尔也推出了 COSMO 平台，帮助更多企业更快、更准确地向大规模定制转型。而在 2015 年后，更多的 IT 和互

联网巨头加入工业互联网平台的竞争格局中，其中最具代表性的包括微软的 Azure 平台、英特尔的工业互联网平台、腾讯云平台、阿里云平台等，开放融合的互联网 + 制造平台竞争格局初步形成。

互联网+制造平台应用于多领域和多环节

根据平台的用户需求及应用环节的不同，可将当前互联网 + 制造平台的应用模式概括为五类。第一，在设备层实现对生产设备的预测性维护，通过平台对生产设备进行实时监控，并通过采集数据处理分析实现预测运维，例如，GE 的 Predix 平台通过对风机数据的打通分析，实现了对风机设备的远程维护。第二，在车间层实现生产流程的优化，通过数据分析及平台应用帮助企业在生产和运营维护方面实现精益化提升。例如博世平台通过对现代汽车生产线数据的采集分析，实现了对生产现场的优化管理。第三，在管理层实现企业运用管理，基于数据分析能力向企业提供软件应用服务，助力提升企业运营管理，例如，中联重科公司应用 SAP HANA 平台，将原有 ERP 集成到 HANA 平台，实现了订单、维护等事务数据的分析处理。第四，在产品层实现产品服务化，通过对生产产品数据的打通采集，分析并提供产品远程服务。第五，在设计层实现个性化定制，将用户需求信息进行分析，并通过平台制定产品参数，组合形成个性化产品。例如，欧特克仿真平台与 Backhand 合作定制自行车零部件。

平台融合主体清晰，应用日趋成熟

工业互联网平台及解决方案提供商不断涌现。目前全球工业互联网平台提供商包含以下四类企业。一是以传统制造业企业为主体，兼具平台层和边缘层功能，发展聚焦于工业领域，代表产品是 GE 的 Predix 平台。二是以 IT 软件及互联网企业为主体，聚焦 IT 层功能，提供多行业大数据解决方案。三是以 IT 硬件企业为主，聚焦 OT 层功能，与 IT 企业合作提供多行业的行业解决方案。四是应用服务类企业，专注于应用层，主要提供各领域服务应用及第三方开发环境。

我国领先企业率先布局，但在全球竞争中仍然相对滞后

我国工业互联网平台发展初步具备一定的基础，一批领先企业率先推出相关产品及解决方案。如和利时开发工业自动化通用技术平台 IAP，三一重工基于 Hadoop 搭建工业大数据分析平台，明匠开发出工厂数据集成管理系统，海尔构建了人机物互联平台 COSMO 等。然而，国内平台产品在性能和适用性上仍存在一些问题。

第一，国内现有工业互联网平台架构偏重传统工业，系统架构理念过时，对云、大数据、开源操作系统等新兴技术应用不足。

第二，国内的平台系统集成能力有限，在细分领域基于经验知识的数据建模和分析能力不足，缺乏基于平台二次开发的支撑能力。

第三，我国平台在领域覆盖、服务能力、产业链地位等方面都难以与外商竞争。国外平台依托企业既有的技术产品能力，覆盖领域广且占据产业链上游。如Predix平台覆盖风电、航空发动机及燃气轮机、医疗设备等多个高端领域。同时国外巨头通过收购软件企业或与IT企业紧密合作，不断强化其新一代信息技术能力。

第四，关键技术产品对外依赖严重，制约平台做精。资源分享类平台这一问题尤为突出，用户需要的高端软硬件大多来自国外，平台对这些资源分享存在版权等诸多限制。

第五，企业信息化集成和供应链管理能力不足，制约平台做大。利用平台进行网络协同制造、定制化生产等，对信息化集成应用和供应链管理水平要求很高，而多数制造企业难以达到，发展难度大。

面对国际巨头加速其平台在我国落地的情况，既要看到通过合作有利于我国引进新技术、新模式，促进制造业升级，也要认识到这将可能加剧高端工业产品领域的“马太效应”，不利于本土同类厂商崛起，自动化、智能制造领域的许多企业将可能被长期锁定在“中低端”。同时，我们更要看到，此类平台涉及新一代信息技术、大量工业技术和知识经验积累，专业门槛高，需要对技术、人才和资金的高投入，一般企业难以具备足够实力和动力，这也是国外平台多以跨国巨头推动的重要原因。我国制造领域缺乏像西门子、GE那样具备智能产品、高端装备、综合解决方案全覆盖水平，并且有实力拓展新一代信息技术能力的龙头企业，发展难度不容小视。

案例：互联网 + 制造解决方案

对互联网 + 制造，制造企业和互联网企业根据自身优势，均推出了相应解决方案，呈现了不同的发展特点和演进路径。由制造企业主导的解决方案，简称 M 版，即 Manufacturing 版；由互联网企业主导的解决方案，简称 I 版，即 Internet 版。

制造企业推出的解决方案（M版方案）

M 版方案的主角大部分来自工业基础雄厚的发达国家。如半官方版的博世“慧连制造”解决方案和西门子“数字工厂”解决方案，美国 GE 的工业互联网和炫工厂，日本三菱电机的 e-f@ctory 方案。以下我们对比较有代表性的 M 版方案逐一概括和梳理，提炼 M 版的共性因素。

博世的“慧连制造”解决方案（Intelligent Connected Manufacturing Solutions）

博世（Robert Bosch GmH）成立于 1886 年，是全球最大的汽车零件供应商之一，总部设在德国 Gerlingen。博世旗下的工业技术集团 Bosch Rexroth 提供的压力、动力、控制系统，被广泛应用于从运输业到采矿业等重型工业企业。博世是德国政府工业 4.0 工作小组的主要成员，联席主席之一。博世近年来推出的博世物联网套装（Bosch IOT Suite），可以看作是博世物联网应用战略的基石。

具体到制造业，博世的主打概念为“慧连制造”解决方案，方案核心为制造—物流软件平台，以之作为本地（on-prem）和云端的软件基础，对整个生产流程进行云化和再造。方案包括三个部分，一是过程质量管理（Process Quality Manager），二是远端服务管理（Remote Service Manager），三是预测维护（Predictive maintenance）。

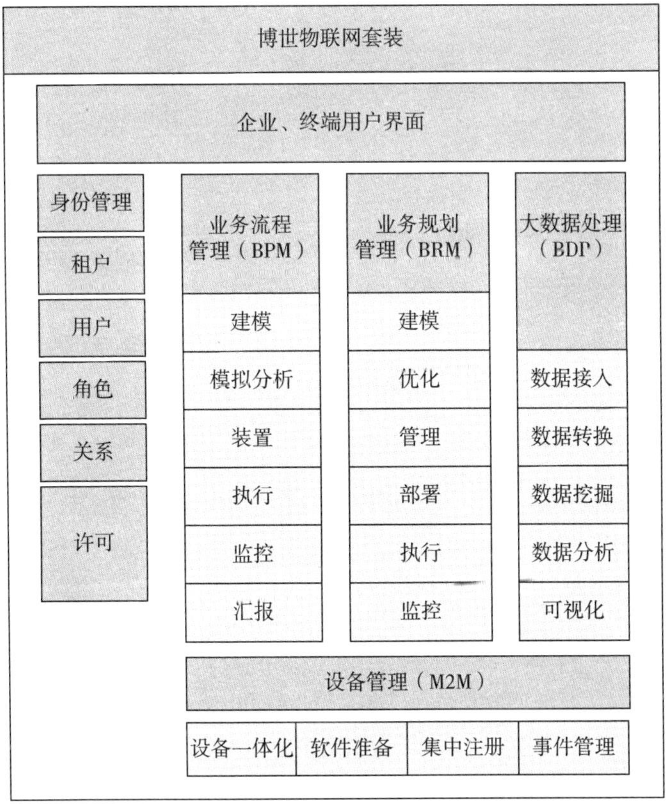

图 1　博世物联网套装

过程质量管理：对生产全过程中所有的车间、流水线、作业区、机器设备实时监控；操作界面将各环节的表现指标和容忍度可视化，并对可能出现的波动提前预警。工作人员可以直观地感受到整个流程是否顺畅，及早对表现不正常的生产环节进行纠正。

远端服务管理：这一系统允许机器的制造者在远端控制产品，帮助客户解决在机器装配、使用中遇到的问题。例如，博世的工作人员可以在办公室里对在世界其他角落的设备进行功能测试、参数设置、数据接入、错误排查、故障解除等工作。大幅缩减设备交割、安装、售后维修的工作量。

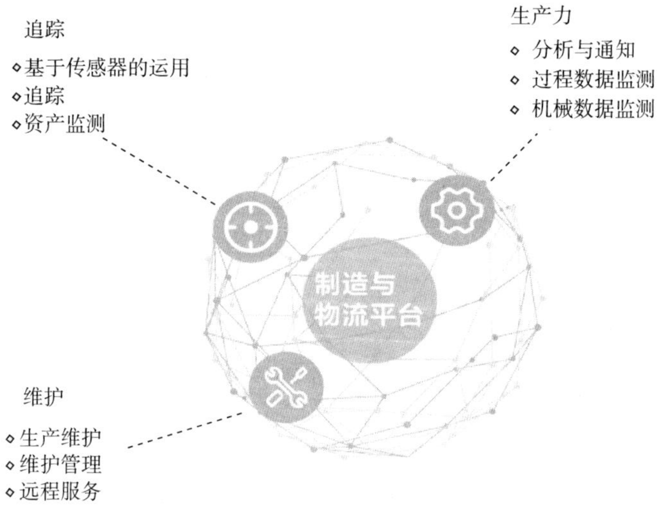

图 2 “慧连制造”解决方案

预测维护：基于博世物联网套装，厂家可以通过装在产品上的传感器实时掌握其工作状态，并对可能出现的检修维护做准确预测，减少用户停产检修的次数。

可以看到，过程质量管理已经具备了工厂内信息实时互联等智慧工厂的基本要素；远端服务管理、预测维护都是基于物联网产生的价值链延伸。从这个意义上说，博世的“慧连制造”解决方案已经具备了“工业 4.0”的一些关键基础，未来发展值得关注。

西门子“数字工厂”解决方案（Digital Factory Solution）

西门子（Siemens AG）成立于 1847 年，是欧洲最大的工业集团之一，总部设在德国柏林和慕尼黑。公司以电报业务起家，架设了欧洲第一条长途电话线，历史上曾生产过收音机、电视、洗衣机等家电，也生产过半导体、手机、电子显微镜、医疗器械，建过水坝、铁路、风电场，接过国防产品的大单。公司的历史，几乎可以看成是迷你版的工业革命史。目前，西门子是德国工业自动化的排头兵、工业 4.0 的重要参与者和推手。西门子对于未来的制造业有自己的蓝图和实现路径的设想、方法论。其认为软件、数据、连接造就的所谓数字工厂（Digital Factory），是未来互联网与传统制造业结合的落地场景。

为实现这一目标，西门子以 32 亿美元收购了 PLM5 软件商 UGS。UGS 的软件弹药库包括在线设计软件平台 NX，其中内置 CAD、CAM6 等一系列设计软件。库中还包括了数字化生产流程规划软件 Tecnomatix，以及市面上领先的 cPDM7 解决方案 Teamcenter。以 Teamcenter 为基础，西门子将 UGS 的弹药库嫁接在自己的工业自动化生产系统 Simatic 之上，形成了较为完善的制造业解决方案。整合之后，西门子“数字工厂”蓝图初具规模。其核心是基于数据分享的合作平台 Teamcenter。平台之上，生产者与用户、供应商共同组成“数字工厂”，通过PLM、MES8、TIA9三位一体的软件系统平台，实时沟通，达成产品从研发设计到售后服务的全周期管理。

“数字工厂”的工作流程可以大致描述为，通过PLM前端NX软件和用户一起设计产品，同时从TIA中调取制造流水线的组成模块信息，模拟生产流程。制造过程模拟信息实时反馈至设计环节，互相调整、配适。在模拟无误后，产品设计、制造流程方案传递至加工基地，由MES10实现生产设施构建、生产线的改装、产品生产、下线、配送到用户手中的全过程。

“数字工厂”的设想已经在一些高端汽车业的自动化制造过程中得到应用。

图3　“数字工厂”应用范例

“数字工厂”可以看成是部分实现的工业 4.0 的第二构想全价值链工程端到数字整合：从产品设计这一“端”到产品出厂的这一“端”，都事先在数字模拟平台上完成详尽的规划。与现实中在工厂走流程的产品相对应的是，数字模拟平台在云中分享的是一个一模一样的虚拟产品。工厂内的具体执行系统可以根据数字模拟平台的要求进行一定程度的重构。

不仅如此，为了配合自己的工业自动化产品，西门子推出一款 APP“西门子工业支持中心”。但是这个 APP 目前只包含了西门子的 5000 多份各种手册、操作指南，以及 60000 多个常见问题解答。虽然这款 APP 与物联网没有实际的关系，但给人很大的想象空间。

GE 的炫工厂（Brilliant Factory）

GE 的炫工厂是工业互联网（Industrial Internet）和先进制造（Advanced Manufacturing）结合的产物。它用数据链（Digital Thread）打通了设计、工艺、制造、供应链、分销渠道、售后服务，并形成一个内聚、连贯的智能系统。

GE 把工业互联网描述为“大铁块 + 大数据 = 大成果”（Big Iron + Big Data=Big Outcomes）。其中大铁块意指涡轮机、发动机、风机、火车机车等工业用机器设备，大数据即云基分析（Cloud-based Analytics）。从总体上看，GE 的工业互联网与工业 4.0 中的 CPS 十分类似，都强调数字世界和现实世界边界变得模糊，装载了各种传感器的铁块之间、铁块与人之间，通过互联网实时交换信息。铁块们因而变得可预测、会反应、社会化。

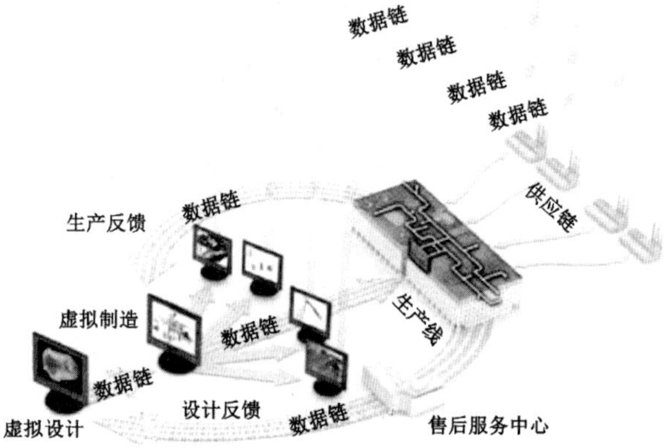

图 4　GE 炫工厂示意图

先进制造包括 3D 打印、创新材料科技等模块。工业用 3D 打印，或称增材制造（Additive Manfuacturing），在很大程度上实现了工业设计的所见即所得。3D 打印的应用场景在很大程度上受材料科技的限制。配合创新材料科技的发展，先进制造技术让很多从未有过的零件设计很快变成原型机。

2015 年 2 月 14 日，GE 在印度 Pune 建设的炫工厂揭幕。区别于传统的大型工业制造厂，这间工厂具备超强的灵活性（Flexibility），可以根据 GE 在全球不同地区的需要，在同一厂房内加工生产飞机发动机、风机、水处理设备、内燃机车组件等看似完全不相干的产品。理论上说，这一灵活性将极大地提升 GE Pune 的生产率：通过分析云端从全球实时反馈回来的数据，炫工厂会自行在各个生产线上分配人力、设备资源，减少设备闲置时间、提升对市场需求反馈的反应速度。

虽然 GE 常常被视为美国工业的代表，独立于德国的工业 4.0 体系之外，但不难看到两者之间的共通之处。贯穿炫工厂的数据链与西门子的 PLM 平台类似；产品传回数据用来做售后的增值服务，与博世“慧连制造”中的预测维护相同。

GE 的雄心不止于此。美国作为互联网诞生地，对于物联网本身显然有更多的想法。GE Software 推出与工业互联网配套的 Predix™ 软件平台，为各种大铁块提供统一的软件标准，希望做成基础性操作系统、工业互联网的安卓。但与安卓不同，Predix™ 虽然鼓励各界投入与工业互联网相关的 APP，但系统并非开源，需要取得 GE 的许可。2014 年 12 月，日本软银与 GE 签订收入分成协议，成为 Predix™ 的第一位认证开发商。

三菱电机的 e-F@ctory

三菱电机（Mitsubishi Electric）是全球领先的工业自动化成套设备供应商之一。公司 1921 年从三菱造船（今三菱重工）独立出来，总部设在日本东京。

e-F@ctory 是三菱电机面向制造业推出的整体解决方案。这一解决方案的结构很像一块三明治：底层为硬件、顶层为软件，中间夹着人机界面。硬件层包括两个部分，动力分配输送系统和生产设备系统；夹心层由信息通信产品群组成；软件层主要是企业级的信息系统，如 ERP、MES。

以太网（Ethernet）贯穿整个“三明治”：生产场地、设备和配电系统通过所谓 iQ 平台接入以太网，将设备运行状态实时反映在夹心层的可视化人机交互页面上，同时数据实时反馈到上层的企业级信息系统，方便决策层及时调整企业内部的生产布局和企业外部的供应链管理。

e-F@ctory 中有相当多的元素与工业 4.0 不谋而合。例如贯穿生产场景的以太网，好比西门子的 PLM，或者 GE 炫工厂的数据链；底层硬件系统模块化，可以根据产品的不同、流程的不同进行一定程度的改变，等等。

此外，三菱电机为了扩大 e-F@ctory 的影响力，还采用了非常具有日本特色的“母鸡带小鸡”策略，与二十多家企业结成 e-F@ctory 联盟，共同发展这一先进制造平台。联盟成员主要包括传感器、工业 FRID 制造商如 Balluff、Schaeffler，以及软件集成开发商如 Delta Computer System、MDT Software 等。三菱电机与这些成员企业优势互补，三菱专注于自己擅长的工业自动化部分，其他联盟成员提供联网通信的硬软件平台，帮助三菱用户更好地根据自己的需求进行个性化选择。

小结

M 版方案都是以大型先进制造企业的生产环境和技术环境为基础，叠加了一些互相交叉的、边界较为模糊的互联网相关概念，如物联网、云 / 大数据、CPS 等。实质内容仍然围绕着硬件智能化、软件一体化、工业自动化展开，从制造业企业本身的技术优势出发，实现互联网 + 制造。工厂内的制造场景在方案中居于中心位置，企业内网包含在外围，公共互联网处于边缘，外部互联网企业提供的服务可有可无。

M 版方案都有雄厚的工业制造背景，德国版（“慧连制造”“数字工厂”）以汽车工业为基础制造场景，美国版（炫工厂）以飞机发动机、内燃机等高端装备制造业为基础制造场景，日本（e-F@ctory）以半导体、汽车工业为基础制造场景，呈现出了技术和投资门槛双高、封闭体系、中心化驱动的特点。

门槛双高：M 版方案集合了当今世界顶尖的制造技术，如工业自动化系统（机器人）、工业级增材制造、创新材料科技，等等，这些专有技术的核心部分大多数掌握在少数几个业内领先的大型工业企业手中，技术门槛高；M 版方案的落地场景，即各类智能工厂，造价不菲，如 GE 的 Pune 炫工厂投资额达两亿美元。

封闭体系：M 版方案虽然都提到了互联网、云、大数据的作用，但其中的互联网强调的是近场通信（RFID）、传感器等新技术带给互联网底层连接对象的变化；云大部分是企业内部沟通用的私有云；大数据也往往是企业搜集的内部数据，以物的运行数据为主，人的活动数据较少。

中心驱动：M 版方案的推动呈现中心化的特点。不论是博世的“慧连制造”、西门子的“数字工厂”，还是 GE 的炫工厂、三菱电机的 e-F@ctory，核心企业在这些方案中的强势主导地位都是毋庸置疑的。虽然德国政府的工业 4.0 方案中提到了生产组织结构分散化、网络化，制造流程由多个不同的企业共同完成，但至少从目前的进展来看，除非门槛双高、封闭体系被打破，否则分散化、网络化生产组织形式将在相当长的时间内停留在纸面上和口头上，无法落地。

实际情况也是如此，M版方案的最大用户往往正是提出者自己：三菱电机的e-F@ctory方案2012年落地在自己的Nagoya Works，西门子的“数字工厂”2013年落地在自己的成都工厂，GE的炫工厂2015年落地在自己的Pune工厂。从这个意义上说，M版方案只是“巨人的游戏”。此类方案中，创新的速度似乎并没有因为互联网因素的加入而显著加快，仍然按照工业企业原有的步伐不紧不慢地渐进式前进。

互联网企业推出的解决方案（I版方案）

I版方案的主角来自互联网行业。跟传统制造业相比，互联网行业十分年轻；与制造业巨头相比，互联网企业相对稚嫩。I版方案的互联网＋制造因此显得没有那么野心十足，I版方案的核心企业也没有大包大揽、舍我其谁的霸气，而是主张加号两边的企业发挥各自的优势：生产场景交给传统制造业企业，剩下的只是把其他与生产场景相关联的制造业环节搬到云端，交给互联网企业提供的企业级互联网服务。

谷歌的Google for work

谷歌推出的Google for work（以下简称GFW）是以云为基础的一系列企业级服务套装，包括工作应用、云平台、工作浏览器、工作地图、工作搜索。可以说，谷歌为传统行业企业提供了一整套的“互联网＋”解决方案，既包括工作场景中的email、电视电话会议、文件处理、分享、存储，也包括后台服务如云存储、计算、API 开发，还有打包的互联网增值服务如搜索、地图，等等。这些成套解决方案对于节约 IT 成本、提高运营效率作用突出。实际上，西门子、GE 都是谷歌的客户，使用了 GFW 中的一项或多项互联网服务套装。

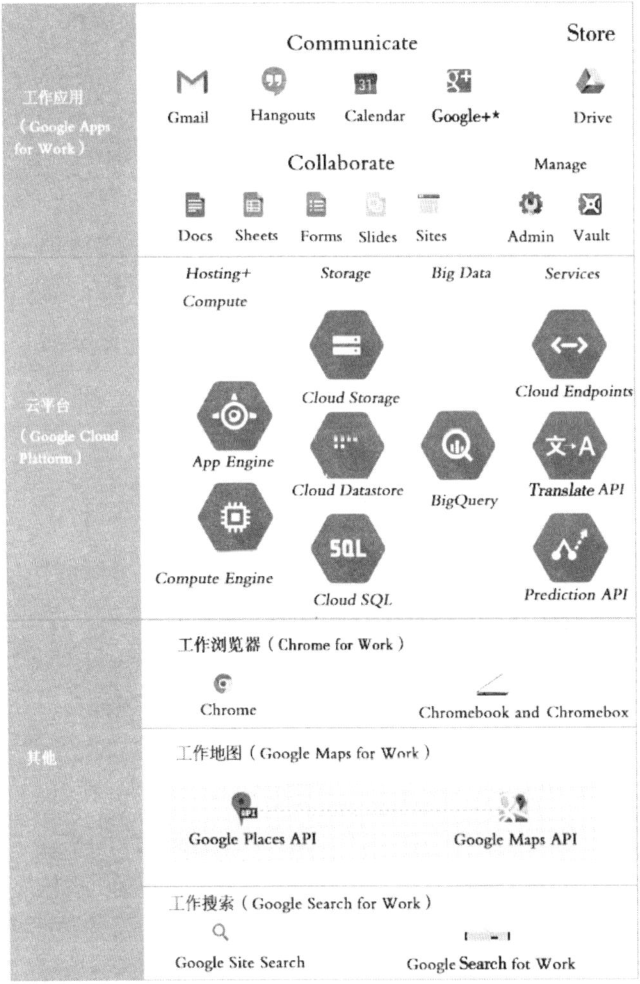

图 5　Google for Work 解决方案

针对制造业，谷歌提出了所谓的“做联网的制造者”（Be a connected manufacturer）的口号，利用自己的产品，帮助制造业者建立快速多层次沟通网络。

目前 GFW 仍然聚焦在线上部分，套装中的硬件产品很少，也不是 GFW 的主打诉求。但近两年 Google 在硬件方面，特别是机器人相关产品上，正在加紧布局。虽然从目前来看，这些投资似乎与制造业没有什么关系，但这些机器人在传感器、软件集成等方面有突出优势，这与目前工业 4.0 中生产场景智能化的发展方向不谋而合。

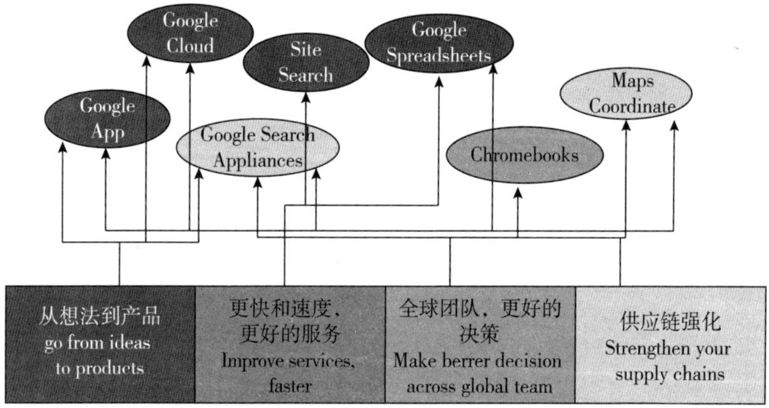

图 6 “做联网的制造者”

亚马逊的 Amazon Web Services

亚马逊的 Amazon Web Services（以下简称 AWS）于 2006 年推出，面向企业提供云计算等 IT 基础设施服务。AWS 一揽子方案包括亚马逊弹性计算网云（Amazon EC2）、亚马逊简单储存服务（Amazon S3）、亚马逊简单数据库（Amazon SimpleDB）、亚马逊简单队列服务（Amazon Simple Queue Service）及 Amazon CloudFront 等。

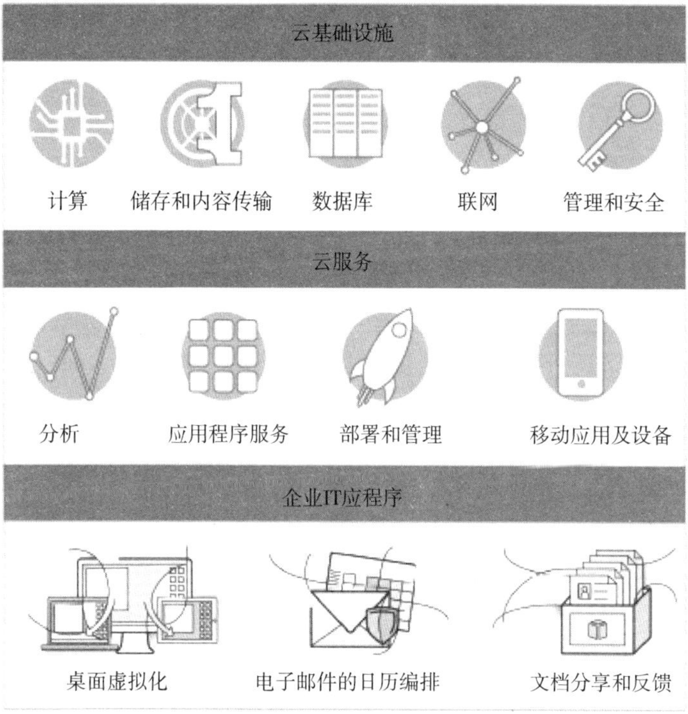

图 7 Amazon Web Services

国内的一加科技使用的就是 AWS 云服务。在商城海外闪购活动中，一加科技的技术团队用了 3 个 Amazon EC2 实例搭建了 Web 服务器、静态资源服务器和数据库。然后结合 AWS 提供的平台服务对系统架构和性能进行优化，如使用 Amazon CloudFront 分发静态资源、通过 Elastic Load Balancing（ELB）

弹性负载均衡服务为 Web 服务器提供负载均衡等。整个项目从部署到上线总共用了两天时间。平台正式承载业务后，闪购峰值能够被分发到后台 Amazon EC2 实例上，保证了用户体验，平滑支撑了高流量。目前一加科技已经把所有海外商城全部迁移到了 AWS 平台上，这样自己的运维人员不需要费心关注后台问题，可以把精力放在核心业务上。

微软的企业服务

早在 1999 年，微软就推出了适用于机顶盒、POS 机等非 PC 设备的嵌入式操作系统 Windows Embedded。使用这一系统的硬件可以与桌面应用程序无缝集成，大大缩短了产品上市时间。之后随着 Windows 不断升级，Windows Embedded 跟着不断推出新版本，适用的硬件范围更广，功能日益强大。

微软推出的 Azure 云平台和 Windows 10 物联网版，更是在跨硬件通用性上下足了功夫，其口号是“Microsoft Everywhere”。Azure 为跨平台数据搜集提供了解决方案，各种硬件平台虽然使用不同的数据格式，但是可以通过前端的 Windows 10 物联网版和云端的 Azure 平台实现互联互通，让不同数据格式的机器互相“交谈”。

在此基础之上，微软将自己的 Office 系列企业级办公软件与远端的云存储、云计算结合在一起，创造出独特的企业级应用生态。在制造业的场景中，企业可以将自己的生产机器的软件控制系统直接建立在 Azure 和 Windows 10 物联网版之上，实现以 Windows 为软件控制基础的智能化生产。

KUKA Systems Group 在设计 Chrysler Jeep Wrangler 车体生产线的过程中，用微软的 Windows Embedded 软件、SQL 服务器在云端建造了一个控制平台，大大提升了其生产效率和灵活性。这一系统不仅与 M 版方案一样，具备根据客户反馈调整生产规模和流程的能力，而且还提供了一个特殊的优势，即由于人机界面采用大家都很熟悉的 Windows，大大缩减了新员工上岗培训的时间。在 2015 汉诺威展上，微软和 KUKA 展示了联合研发的物联网机器人，其可以自行发现问题，并主动通知相关工作人员进行更改维修。

小结

I 版方案代表性企业在与制造业的结合过程中发展方向各有特点，结合的程度也有差别。亚马逊还是坚守自己的一亩三分地，做云服务供应商，帮助企业提供一揽子的互联网解决方案。谷歌在机器人等工业自动化基础配套上积蓄力量，未来想象空间很大。微软走得更远，凭借自己在系统软件方面的优势与传统的工业自动化企业结盟，直接进入了车间地面的核心制造环节中。从中可以看出，I 版方案有两个特点，一是“开放合作”，二是“丰俭由人”。

开放合作：I 版方案并没有 M 版方案舍我其谁的气势，它强调与传统制造企业合作，帮助后者更好地适应互联网、使用互联网。不论是亚马逊、谷歌还是微软，都是围绕制造业企业的实际需求在做服务，与传统制造业企业合作是 I 版方案的共同点。

丰俭由人：I 版方案的通用性较强，在云端可供选择的选项很多，价格的计算大都采用“用多少服务给多少钱”的方式。这一模式降低了制造业企业使用互联网服务的门槛，不论是亚马逊、谷歌还是微软，它们的物联网套装用户中都有大量的中小微企业。这在很大程度上弥合了规模差异带给企业的不公平竞争地位。

智慧零售：科技赋能零售业数字化转型

近年，零售商业成为业界关注的焦点和热点，从新零售（阿里巴巴，2016年；小米，2016年），到无界零售（京东，2017年），再到智慧零售（苏宁，2017年；腾讯，2018年）、智能零售（王成荣，2018年）……一系列概念相继提出，尽管表述方式和侧重点有所不同，但无不预示着零售商业正在酝酿一场新的变革。与以往的业态革命不同，此次变革是一场以智慧零售为主要内容的科技革命。

零售的进化：四次业态革命

商业处于社会再生产的中介地位，是第三次社会大分工的结果。恩格斯说："第三次的、它所特有的、有决定意义的重要

原题《智慧零售：推动业态革命到科技革命》，作者闫德利，发表于《时代经贸》，2018年07期上。

分工：它创造了一个不从事生产而只从事产品交换的阶级——商人。”马克思和恩格斯认为：商业是一种特殊的、媒介性的买卖活动。零售则是商业流通的最后一个环节，它与批发相对应，向最终消费者直接销售商品和服务。

零售是一个古老的行业。货币诞生前的以物易物，就具备了某些零售的特征。自然经济时代，走村串巷的挑担货郎、“前店后厂”的小店铺，是主要的零售组织方式。工业革命促进了商品经济的繁荣，人们的交易频次和规模迅速扩大，零售组织方式开始发生重大变革，引发了数次业态革命，经历了百货商店、连锁超市、超级市场、电子商务四次革命性的变化。如表1所示。

表1　　四次零售业态革命

业态革命	第一次革命	第二次革命	第三次革命	第四次革命
新业态	百货商场	连锁超市	超级市场	电子商务
主要变革	· 单项经营变为综合经营 · 讨价还价变为明码标价 · 不购物也可自由进出	· 单体店铺变为组合店铺	· 柜台经营变为开架陈列、顾客自由选购	· 店铺销售变为无店铺销售

资料来源：腾讯研究院，2018年7月。

第一次业态革命：百货商店

随着商品经济日益发达，人口向城市集中，百货商店应运而生。至于谁是第一家百货商店，业界有着不同看法。其中，比较常见的两种说法是：1796 年在英国伦敦开业的 Harding Howell &Co（来源：维基百科），以及 1852 年在法国巴黎开业的 Bon March é（杨骁忠，1995 年）。百货商店像博物馆一样陈列商品，把单项经营改为综合经营，把讨价还价改为明码标价，顾客即使不购物也可以自由进出，零售商业在售卖之外开始具有娱乐和社交的功能。加上优越的地理位置、种类繁多的商品、热情周到的服务，百货商店把零售商业从狭窄矮小的店铺推向大市场，完成了第一次业态革命。

第二次业态革命：连锁商店

1859 年，美国大西洋和太平洋茶叶公司（简称 A & P）建立了世界上第一家连锁商店，开启第二次业态革命。连锁商店突破了零售商业以单体店铺为组织单位的组织模式，可以快速复制的组合店铺成为潮流。连锁商店的典型特征是“集中采购、分散销售”，集中采购可充分发挥集团性商业的优势，获得规模效应；分散销售则适应了零星、分散、多样的服务对象。

第三次业态革命：超级市场

世界上第一家超级市场金·库仑（King Kullen）于 1930 年在美国开业。二战后，越来越多的妇女参加工作，汽车和冰箱的普及为人们“一次购物满足一周之需”提供了条件，超级市场获得快速发展。超级市场把传统的柜台经营改为开架陈列、顾客自由选购，极大提升了顾客体验。超级市场还引入了现代化 IT 系统（收银系统、订货系统、核算系统等），提高了商品的流通速度和周转效率。

第四次业态革命：电子商务

20 世纪 90 年代中期，电子商务（本文特指网络零售）正式登上历史舞台。电子商务是一种无店铺零售（无店铺零售还有目录销售、自动售货机、电话购物、电视购物等形式），改变了传统的通过开设店铺来组织销售的方式，即变实体零售为网络零售；改变了实体零售高度依赖地段和人流量的制约，很大程度上突破了物理空间的限制；商品的选择范围急剧扩大，长尾商品获得发展，消费者开始拥有海量的购物选择。

智慧零售：从业态革命到科技革命

经过 20 多年的高歌猛进，电子商务已成为一种重要的商业组织方式，成为最耀眼的零售业态，2017 年我国电子商务渗透率（即网上商品零售额占社会消费品零售总额的比重）已达 15%，亚马逊、eBay、阿里巴巴、京东等电商巨头引领着零售发展新风向。电子商务的发展速度之迅速、影响之深远，远超过前三次革命。其主要原因在于第四次业态革命是由科技驱动的，前三次业态革命也有科技因素的参与，但还不够多，不够密集，仍主要是商业模式的创新。以互联网为代表的数字技术兴起，极大突破了地理空间的制约，电子商务一经出现就展现出旺盛的生命力。因此，电子商务不仅是业态革命，还是科技革命。但并不是科技革命的全部。

这次零售科技革命不仅催生了电子商务新业态，还加速推进实体零售的数字化转型。利用数字技术提升实体零售的前景十分光明。根据世界经济论坛（WEF）发布的《数字化转型倡议》，消费品行业数字化转型所创造的价值居各行业之首，在2016 ~ 2025年的10年间，它可带来4.877万亿美元的产业价值和5.439万亿美元的社会价值，减少CO2排放2.23万吨。根据埃森哲数据，批发和零售业是我国利用人工智能技术获益最多的三个行业之一，到2035年人工智能将推动其增长率提升1.7个百分点。对本次以数字化、网络化、智能化为主要特征的零售科技革命，我们用“智慧零售”来描述。

科技赋能，智慧零售破解零售发展瓶颈

时至今日，电子商务和实体零售均面临着行业痛点和发展瓶颈。这正是智慧零售所要解决的。各大公司纷纷推出解决方案。作为零售商业的数字化助手，腾讯公司提供公众号、小程序、移动支付、社交广告、企业微信、大智云（大数据、人工智能、云计算）、安全能力七大工具，助力零售商业数字化转型和智慧化发展。

突破制约，促进全国统一市场的形成

西方发达国家知名零售商均是跨国企业，世界最大零售商沃尔玛在 28 个国家有 11700 家门店[①]，世界第二大零售商好市多在 12 个国家有 752 家门店[②]。我国仅用 40 年的时间就走完了西方发达国家 200 年的零售市场化道路，市场主体发展尚不充分，市场集中度低，企业规模偏小，碎片化特征十分明显。我国前 20 大零售商的市场份额之和仅有 14%，而美国则高达 47%[③]。根据德勤（Deloitte）发布的《2018 年度全球零售商力量报告》，中国大陆仅有 10 家企业跻身世界最大的 250 家零售商之列，远少于美国的 80 家，日本的 32 家，也不及德国的 17 家，法国和英国的 12 家。

加之受到体制性和地方保护主义等因素的制约，我国的实体零售多是区域品牌，极度缺乏国际化零售商，甚至业务范围能覆盖全国的零售商也较少。例如，总部位于北京的京客隆和超市发分列中国商业联合会“2017 年中国零售百强”的第 52 位和第 98 位，是我国龙头零售企业，但同时也是地方品牌。两者的业务范围可以说仅局限于一座城市，业务优势仅体现在一个区县。超市发的前身是海淀区副食品公司，在 143 家门店中，有超过一半（78 家，占 54.5%）分布于海淀区，九成（128 家，

① 数据来源：沃尔玛官网。

② 截至2018年6月。数据来源：http：//phx.corporate-ir.net/phoenix.zhtml?c=83830&p=irol-homeprofile_pf。

③ 数据来源：Euromonitor 2017. Concentration for China retail market excludes pure platform operators。

占 89.5%）位于北京市，北京之外仅有 15 家门店[①]。京客隆隶属朝阳区国资委，其门店分布规律与超市发类似，一半多的门店分布于朝阳区，北京之外仅在廊坊有少数几家门店。仅在北京一座城市内，区域分割的现象就十分明显，全国统一市场则更难建立。

日本著名流通学者田村正纪认为："零售业的发展史就是不断克服市场范围地理限制的历史。"数字技术的发展使实体零售能更快突破地理空间的限制，走出狭小的区域市场，打造全国品牌，乃至走向世界舞台，参与全球竞争。

融合发展，实现线上线下全渠道协同

融合发展一直是零售业的主旋律。百货商店、连锁超市、超级市场等不同业态互相借鉴，不断融合，现在的零售商店往往兼具多种业态特征。例如，遍布城乡的超市和便利店，除大妻店外，它们既是连锁商店，也是超级市场。

线上线下融合也是欧美零售发展的主旋律。1995 年，揭开电子商务发展大幕的不仅有 Amazon 和 eBay 等线上公司，还有德国 Otto、美国 CDW、英国 Argos 等实体零售商。实体零售商在欧美电子商务市场一直占有重要地位，例如 Otto 是世界百强零售企业，2017 ~ 2018 财年 57.7% 的总收入来自电子商务业务，电子商务收入规模达 78.8 亿欧元，也是世界上最大的电商

① 数据来源：根据超市发官网整理，2018年7月。

公司之一。

与欧美国家不同，我国的电子商务和实体零售基本上是两条平行线。就在几年前，电商鲜有线下销售渠道；实体零售商尽管积极发展线上业务，但十分艰难，少有佳绩。为避免电子商务对线下原有渠道的冲击，生产商甚至纷纷推出网络版商品，产生了在不同渠道购买同一品牌不同款式的特殊流通现象。

当前，电子商务和实体零售均面临着发展瓶颈，电子商务的获客成本越来越高，实体零售亟需数字化转型。通过科技手段促进融合发展可有效解决。几年前欧美国家提出全渠道（Omni-Channel）零售的理念，就是旨在打通不同渠道，实现无缝对接，更好服务顾客。

随着人口红利的释放完毕，突破物理限制的电子商务在数字空间开始受到新的流量制约，流量成本越来越高，获客成本居高不下。医药电商的获客成本从 2014 年的 20 ~ 30 元上升至 2016 年的 200 ~ 300 元[①]，京东的获客成本由 2013 年的每人 88 元上升到 2016 年的 148 元[②]。遍布大街小巷的实体店铺是一个新的场景，是拓展新的流量来源的重要渠道，也能在仓储配送等环节实现线上线下的资源共享，以更低成本为消费者提供多样化的服务。

实体零售也面临着加快线上转移、进行数字化变革的历史使命。随着房屋租赁成本和人力成本日益增加，提升效率、精细运作对低毛利的零售行业至关重要。实体零售的信息化水平不高，

---

① 数据来源：普华永道，《科技赋能B端新趋势白皮书》，2018年7月。

② 数据来源：招商证券，《新零售深度报告》，2017年。

运营方式传统落后，销售业绩高度依赖店长的个人水平和素质，人工作业十分普遍，结账排队费时，货架非人性化布局，这些问题制约着发展。

打造会员体系，从经营商品到经营顾客

电子商务具有完备的会员体系，如要购物必须先注册成为会员。而绝大多数实体零售则属于不记名消费。商店就像是一个“黑箱”，零售商只知道卖出了什么商品，哪些商品卖得好、卖得快，对顾客购物行为却一无所知，也不知道商品是被谁买走，被什么样的人买走。为了解顾客行为，山姆·沃尔顿不得不时不时到自己的沃尔玛商店里走走转转，悄悄地观察。由于缺乏顾客画像，实体零售商难以针对消费者推出专属的营销计划，很难根据消费者行为优化货架陈列、商品摆放。数据驱动的零售商业难以实现。

会员的作用不限于此，它本身也是一种重要的商业模式，即订阅模式。亚马逊在注册会员的基础上，推出了Prime付费会员服务，目前Prime会员数已超过1亿，2017年会员费收入高达97.21亿美元。受此鼓舞，京东、苏宁易购、网易考拉都推出了付费会员服务。会员订阅并不是电商的首创，Costco早已运用得炉火纯青。它跟电商一样，只有持卡用户方能入场消费。根据2017年财报，Costco付费会员数4940万，会员费收入28.5亿美元，可以说会员费贡献了全部利润。Costco的商业模式已由赚取进销差价转变为收取会员费，成为一家经营顾客

而不是经营商品的公司。

零售商业已由生产驱动、渠道为王两个时代进入消费者主权时代，消费者真正成为了上帝。亚马逊创始人贝索斯在 2018 年股东信中指出："在顾客层面，我所喜爱的一件事是他们永不满足，令人肃然起敬。他们的期望不是静止的，而是上升的，这符合人的本性。"通过会员体系的建立，把传统的经营商品的思路转变为经营顾客，是提升竞争力的有效手段，也是智慧零售的发力方向。一些零售商已开始转型，物美超市一方面与多点（DMALL）深度合作，打通会员体系；另一方面在店内布置人脸识别、人工智能等技术，实现对顾客的智能感应、实时互动。

人工智能技术使物流配送的边际成本接近于零

电子商务的发展瓶颈在两端，前端缺乏源源不断的流量，后端受制于配送成本。电子商务和纯互联网公司的一个差别在于其边际成本不为零，每产生一个包裹，都必须有配送人员安排配送，都会存在人力成本。这也是电子商务发展难以完全突破物理空间制约的原因。人工智能技术在仓储配送等环节有着极大应用空间，其成功应用可实现无人仓库、无人配送，极大节省人力，降低物流配送的成本，破除发展瓶颈。

人工智能和机器人技术正在改变仓储这个劳动密集型行业，亚马逊走在了前列。亚马逊在 2012 年收购了 Kiva Robotics 公司，获得先进的仓库机器人技术。从 2014 年开始把 Kiva 机器人部署到物流中心，完成仓库中的货物搬运工作，三年时间就部属了 10 万台，极大提升了仓储效率。京东在昆山的无人分拣中心作业效率为 9000 件 / 小时，在同等场地规模和分拣货量的前提下，可以节省 180 人；对比传统供包能力，自动供包台的效率最高可达到传统效率的 3 倍多。

在配送环节，无人机是最具应用前景的技术，谷歌、亚马逊、敦豪 DHL、苏宁易购、顺丰快递以及沃尔玛等都在推出无人机配送业务。京东于 2016 年成立了 X 事业部，专注智慧物流相关技术的研发。如今，京东在智慧物流领域已经取得了突飞猛进式的发展，构建起了以无人仓、无人机和无人车为三大支柱的智慧物流体系。

参考文献

[1] 杨骁忠. 三次革命：西方零售商业的历史演进. 商业研究，1995（10）

[2] 刘庆林. 零售商业的第四次革命及在我国的发展前景. 山东财政学院学报（双月刊），1999（5）

[3] 李飞. 全渠道零售的含义、成因及对策——再论迎接中国多渠道零售革命风暴. 北京工商大学学报（社会科学版），2013（3）

[4] 刘强东. 零售的未来：第四次零售革命. 中国企业家，2017（14）

[5] 闫德利. 会员订阅付费成为互联网主流盈利模式. 互联网天地，2017（3）

供应链创新驱动生鲜电商快速发展

生鲜产品的标准化程度低，流通损耗大，对团队选品和配送能力有非常高的要求，是未被有效互联网化的领域之一。生鲜同时是高频刚需产品，这决定了生鲜电商具有非常好的发展前景。经多年的市场培育，生鲜电商快速发展的外部条件日益齐备。电商巨头开始纷纷发力生鲜市场，基于供应链的模式创新层出不断，生鲜电商迎来了爆发期。

电商巨头纷纷发力生鲜市场

生鲜电商是一个老话题。在欧美，早在2002年之前Ocado、FreshDirect、PeaPod等生鲜电商就已创立。在国内，以易果为代表的独立生鲜电商在2005年开始起步，京东商城、

原题《供应链创新驱动生鲜电商快速发展》，作者闫德利，发表于《中国信息化》，2017年第2期。

顺丰优选、中粮我买网也早已开始售卖生鲜产品。但这阶段的生鲜电商尚属于小规模的、零星的业务，市场接受度较低。近年来，亚马逊、沃尔玛、京东、天猫等电商巨头纷纷发力，把生鲜作为未来的战略增长点。

亚马逊发展新业务的典型风格是布局早，多年深耕，最终实现厚积薄发，让其他对手难以企及。生鲜业务也不例外。早在 2007 年亚马逊就在西雅图测试 Amazon Fresh 服务，主要提供肉类、新鲜食材及杂货的家庭递送服务。Amazon Fresh 的发展一直稳扎稳打，直到 2013 年才开始向其他城市拓展。2016 年，Amazon Fresh 加快了扩张步伐，新进入了波士顿、达拉斯、芝加哥和亚特兰大四座城市，服务覆盖范围从西海岸和中大西洋地区开始向全国拓展，目前覆盖全美 20 座城市。2016 年，Amazon Fresh 还开启了国际化之路，首站正式进入英国市场。

为保证配送速度和商品品质，Amazon Fresh 没有采用普通商品的第三方配送方式，而是自建冷链仓库，并建立起自己的卡车车队。亚马逊的另一个秘密武器是会员订阅服务 Prime Fresh。Prime Fresh 会员可无限制地享受当日送达或次日早晨送达服务——在上午十点之前下单，下午 6 点前送达；在晚上十点前下单，第二天早晨 6 点前送达。为刺激消费者需求，亚马逊在 2016 年下调了订阅费，由 299 美元 / 年降至 14.99 美元 / 月。

依托实体店优势，沃尔玛大力发展“线上下单、线下自提”的生鲜电商业务——Walmart Grocery。消费者网上下订单后，工作人员将商品打包并存放在超市的冷柜里。消费者在选定的时间到达沃尔玛门店自提，工作人员将商品免费送至停车场的汽车里。在鼓励消费者上门自提的同时，沃尔玛也提供送货上门服务，不过消费者需要支付一定的配送费。2016 年沃尔玛积极探索新型配送解决方案，以弥补配送服务的弱项，如投资了中国众包配送企业新达达，测试使用 Uber、Lyft 和 Deliv 等服务进行配送。

京东也把生鲜作为未来的战略增长点，并积极探索适合自己的生鲜电商之路。京东于 2015 年推出主打生鲜品类的京东到家，2016 年开始转变思路，在京东商城成立生鲜事业部，位列六大事业部之一。京东商城将主要通过源头直采和加大冷链物流网络建设，来发展生鲜业务。2016 年开售的扶贫跑步鸡广受赞誉，成为生鲜电商的著名单品。

极速送达的生鲜电商新模式不断涌现

为适应生鲜这种特殊商品，电商在运营上均作了很多改变，如布局冷链、提高配送速度等。但总体而言仍是以传统商品销售的方式来做生鲜的生意。随着移动互联网的快速发展，一种崭新的生鲜电商模式在 2014 年前后迅速爆发，并取得了积极进展。这种模式最明显的特征是极速送达，他们把传统商品当日送达、次日送达的配送速度提高到 1 ～ 2 小时送达。

极速送达的背后有轻重之分。轻资产模式基于线下实体店的已有库存，为周边的消费者提供生鲜产品的快速配送，是一种代购服务。重资产模式深耕产业链，通过产地直采、严格品控、自建冷链等手段，全程掌控生鲜的流通过程，保证良好的品质和用户体验。新型生鲜电商的这两种模式走出了不同的发展路径。

轻资产模式：不能承受之轻

轻资产模式也称为代购模式，由美国的 Instacart 在 2012 年开创。Instacart 模式有两个基本特点。

一是没有自己的库存。自己负责搭建平台，上游接入线下实体店，下游接入消费者。消费者下单后，Instacart 负责去离消费者最近的实体店取货并送到消费者家中。

二是众包物流。Instacart 没有自建物流，也没有利用第三方物流，而是采取众包模式，通过整合社会闲散运力来安排配送服务。

Instacart 成立仅两年就获得了高达 20 亿美元的估值，该模式一度倍受追捧。eBay、Google、京东、亚马逊等巨头均推出类似服务，分别为 eBay Now、Google Express、京东到家、prime now。但是，当前该模式发展陷入低谷。eBay Now 于 2015 年 7 月关闭；Google Express 在 2016 年 9 月取消了生鲜及冷冻食品的配送业务；京东到家在 2016 年停止了扩张步伐，与众包物流平台“达达”合并；prime now 在 2016 年的发展也十分艰难。爱鲜蜂、DMALL 等创业公司爆出业务调整、裁员等负面新闻，Instacart 自身近两年的发展也相对平淡无奇。

当然，轻资产模式有其存在的理由和价值，利用城市实体店的库存来解决供应链和配送难题仍是一条重要的路径。2016年该模式的发展也有亮点，例如英国 Shipt 完成了 2010 万美元 A 轮融资，实现了良好发展。

重资产模式：负重前行

重资产模式，也称为全产业链模式，其前期投入大，需长期耕耘。亚马逊、京东等比较重视用户体验的传统电商采用的就是类似模式，他们都加大源头直采力度，加强品控，加大冷链建设。但在配送速度上没有明显的提高，仍是当日达、次日达的水平。快速送达的重资产模式的典型代表是每日优鲜。

每日优鲜于 2014 年 11 月成立，2016 年实现了近 500% 的营收增长，并在部分地区实现规模化盈利。每日优鲜主打源头直采和两小时极速达。为保证商品品质和 2 小时的交付速度，每日优鲜创新推出“前置仓模式”，建立了“城市分选中心 + 社区微仓”的二级分布式仓储体系。每日优鲜在华北、华东、华南等地区建立城市分选中心，根据订单密度在商圈和社区建立前置仓，覆盖周边半径三公里，采取“冷源 + 时间冷链”的配送方式。

小结：新型生鲜电商与传统电商的不同

与传统电商相比，这种极速送达的新型生鲜电商有着鲜明的特点，主要体现在以下几个方面（如表 1 所示）。

表1　　新型生鲜电商与传统电商的区别

	传统电商	极速送达的生鲜电商	
		轻资产模式	重资产模式
销售区域单位	国家	城市	
产业链	从品牌商或代理商采购商品	整合当地实体店库存	源头直采
配送方式	自建，或第三方	众包	自建
配送时效	当日达、次日达	1 ～ 2 小时送达	
会员制	较少	较多	

• 区块化服务。传统电商是没有边界的，理论上可向一个国家的所有居民提供服务。而生鲜电商是以城市为单位提供服务，一般是先从经济发达的大城市进入。对一座城市，也并不一定实现全面覆盖，郊区、居民集中度低的区域往往不提供服务。在美国，生鲜电商就是根据邮政编码来提供服务的。

• 产业链的再造。传统电商是从上游制造商或代理商采购商品，入库后再进行销售。新型生鲜电商要么掌控从农场到餐桌的整个产业链，要么整合线下实体店的已有库存。

• 配送方式变革。传统电商采用第三方物流进行配送，或者自建配送队伍。新型生鲜电商采用众包或自建冷链的方式。

• 极速送达。传统电商可以实现规模化的最快配送速度是当日达、次日达，而新型生鲜电商把配送速度提高到 1 小时送达、2 小时送达。

• 会员制。采用会员付费制的电商占比还较少，而生鲜电商领域比较普遍，Amazon Fresh、FreshDirect、peapod、GrubMarket、Shipt、Instacart 等均采用了会员制。

拼团模式大大降低用户获取成本

拼团模式实际上是真正的团购，其最大创新是在传统电商的基础上降低了用户获取成本，在一定程度上解决了流量问题。以拼好货为典型代表。

拼好货成立于 2015 年 4 月，成立一年时间就获得两次融资。它将社交和购买这两件事完全地绑在一起，开创了水果电商的拼团模式。用户看上中意的水果，先下单付款，然后邀请其他用户一起完成“拼团”。成团后，开团人和团员才能一起以更优惠的价格购买到该产品。在商品供给方面采用商家入驻的方式，在配送方面利用第三方公司。2016 年 9 月，拼好货与另一家拼团模式电商拼多多合并。

结语：大浪淘沙，砥砺前行

2016 年生鲜电商发展如火如荼，资本市场十分活跃。在欧美，老牌生鲜电商 FreshDirect 融资 1.89 亿美元，GrubMarket、GoodEggs、Shipt 等新兴电商均获得数额不菲的融资。在我国，易果生鲜完成两轮总融资金额超过 5 亿美元的融资，创下生鲜电商融资新高；每日优鲜在 2016 年获得 2.3 亿元人民币 B+ 轮投资后，2017 年初完成 1 亿美元的 C 轮融资；主营进口水果的天天果园获得 1 亿美元的 D 轮融资、1 亿元人民币的 D+ 轮融资；本来生活完成 C、C+ 轮融资 1.17 亿美元。

2016 年生鲜电商蓬勃发展，但遭遇倒闭、裁员、换帅、业务收缩等事件的频率比往年高出许多。抢鲜购、青年菜君、美味七七、壹桌网、果食帮停业倒闭；美国 Farmigo 停止生鲜电商业务，Relay Foods 与 Door to Door Organics 合并以共同应对激烈的竞争。

展望生鲜电商，前景广阔，但路途坎坷。

人工智能助力旅游业蓬勃发展

人工智能与旅游业融合发展正不断升温，人工智能向旅游业渗透的趋势逐渐显现。本文分析了以人工智能为代表的智能化分析决策技术在旅游业中的典型应用和前景，总结技术应用的特征。在对现有应用情况分析的基础上，对目前应用人工智能等新技术的困难和挑战进行梳理和分析，并给出政府、行业、企业等主体推动旅游业智能化发展的参考建议。

人工智能 + 旅游业的发展现状

随着人们消费水平的提高，个性化、定制化旅游消费需求日益增长，旅游业朝向智能化方向发展。以人工智能等为代表的新一代信息技术在旅游业的应用广度和深度不断增加，提升

原题《人工智能助力旅游业蓬勃发展》，作者高晓雨、闫德利、李端，收录于《北京旅游绿皮书：北京旅游发展报告2018》。

旅游产品和服务的竞争力，推动旅游业的发展和转型升级。

人工智能+旅游业的应用前景大好

十九大报告指出“人民对美好生活的需要在日益增长”，人们对生活品质的要求在不断提高，生活支出不仅停留在衣食住行用，逐渐增加了旅游消费、娱乐消费、文化消费等等。随着经济发展和和科技进步，人们可支配收入的不断增加，旅游者已经不满足于传统跟团旅游的模式和产品，逐步开始选择具有鲜明特色、个性化、定制化的旅游景点和出游体验，休闲度假旅游成为现代人生活的重要组成部分。根据世界旅游业理事会（WTTC）的研究显示，2017 年全球旅游业增速为 4.6%，已连续第 7 年超过全球经济增速，成为全球增长最快的行业，世界已经迈入了“旅游时代”。中国旅游业以 9.8% 的增速领先世界各国，助力我国经济发展的作用初显。

面对如此巨大的市场，旅游服务水平也亟待提升，以适应人们多样化、个性化、层次化的出行需求。大数据、人工智能等新型信息技术能够方便旅行者获取和分析旅游信息；帮助旅游业者更好地挖掘旅游者需求和偏好，掌握旅游市场行情，进而提供更好的旅游产品和旅游周边服务。大数据分析能依据旅游市场历史资料进行分析和挖掘，找到各旅游相关要素之间关联关系；而人工智能技术能够使用数据分析结果来预测和规划未来，通过旅行者的需求偏好标签与自身知识库中的标签进行匹配分析、模糊评价，找到适合旅行者的旅行要素，如旅游点、文娱消费活动等，增加旅游信息的利用价值。在实际应用过程中，大数据与人工智能技术等分析决策技术相辅相成，密不可分，共同支撑旅游业的智能化应用。

人工智能+旅游业的重点领域初步显现

以物联网、大数据、人工智能为代表的新一代信息技术向旅游领域渗透融合，改变了原有“旅行团 + 导游”的单一服务模式，增加了更为多样的选择，能够根据旅游者不同的需求和偏好来自动定制、规划旅游行程，并提供个性化的导游导览服务，提升旅行带来的幸福感。同时，人工智能等技术也能更好地服务旅游行业从业者，提升他们的营销效率，实现精准营销，从而增加收入。

首先，人工智能的算法技术被广泛应用于旅游行程规划服务。旅行者在输入目的地后，可以直观、明确地查看各个景点的信息，包括：景点位置、景点简介、预计开销、游览注意事项等，以及景点周边酒店、交通、购物等信息。进而，依靠旅行者的浏览信息或历史旅游信息等，嵌入人工智能模块的系统自动识别和挖掘旅行者的需求，并于景点知识库中的标签数据进行关联分析和匹配，依照旅行者的旅行偏好、消费水平等条件，智能化的提供最适合的参考景点，并在极短时间内形成一系列的行程规划方案。例如携程、去哪儿、穷游等众多旅游网站均提供个性行程定制服务，按照热门的目的地、出游主题和喜好为用户推荐个性化的高品质的旅行路线和行程，让用户专注于旅行本身，而不用花费过多经历在收集景点信息、进行行程路线规划上面，降低用户决策成本。

其次，人工智能技术能提升旅游服务质量。通常，旅行者需要依靠导游来了解景区相关的信息，很多景点都只能是匆匆而过，行程路线也很大程度上受到了导游的限制。而人工智能等技术能够使这一问题明显改观，通过智能化的技术为旅行者提供更好的导游导览服务。依靠手机等设备共享的旅行者位置信息，导游导览系统提供相应的景点讲解，在此过程中，人工智能算法能够按照旅行者的关注点和偏好来优化排列景点的讲解信息，使旅行者迅速获得想要的信息。另外，依靠图像识别能够帮助旅行者准确识别展品，并查询和讲解展品的历史、背景等信息，通过讲解体会不一样的旅行。此外，依靠语音语义识别技术支撑的导游系统，实现与旅行者的语音对话式智能问答，及时高效回复旅行者旅游过程中遇到的问题，让旅行者不再惧怕陌生的城市。例如，韩国平昌冬奥会期间 T-bike 联合 AI 导游打造奥运周边智能出行新方式，游客能够跟随 AI 导游的指引在各大奥运场馆周边游览，听取场馆和赛事信息介绍，并依靠与 AI 导游的语音问答，迅速了解周边的游玩信息和美食信息，极大地提升了游客的出行体验。

再次，人工智能能够帮助商家实现精准营销，从而提升销售额。移动互联网时代，旅行者的需求意向变得碎片化，决策冲动性的特征被放大，旅游业者不依靠任何技术手段，想针对旅行者需求、偏好等精准开展营销变得越来越难。而通过大数据、人工智能算法、深度学习等技术，旅游业公司能够对多种渠道获取的旅客信息进行分析和挖掘，描绘旅客用户画像，挖掘旅行需求和偏好，并依照旅行者需求和偏好定制开发旅游产品和线路，满足旅游产品的个性化需求，提高旅游产品的多样性，实现针对需求的旅行产品设计和精准营销。此外，人工智能技术能够依靠历史数据来预测旅行者未来的购买消费行为，指导景点周边的餐饮、娱乐、住宿等旅游相关商家依照客户需求改善和优化主打产品，合理定价，有效促进游客在景点消费。例如："宁夏旅游云"打通各景区门户网站，通过微信、微博等多样化的媒体平台进行推广，通过旅游舆情监控和数据分析，挖掘旅游热点、游客兴趣点，引导旅游企业策划对应的旅游产品，制定对应的营销主题，增强旅游产品的增值服务能力。

人工智能助力旅游业平台化、服务精准化转型

互联网、大数据、人工智能等技术应用于旅游业，给旅游业带来了许多颠覆性的变化，促进传统旅游业向智慧旅游转型。

- 平台化。依靠嵌入大数据分析、人工智能模块的旅游系统，整合旅游相关的吃穿行游购娱等各类商家、服务信息，使旅游市场平台化、去中介化（多入口化），改变原有依赖旅行社的旅游模式，形成汇聚旅游者、旅游供应商、服务提供商等的"大平台"，消除旅游信息不对称性，在方便旅行者的同时，也增加了旅游商家的盈利机会。
- 新模式。随着旅游信息不对称现象的削弱和消失，使

得游客与旅游供应商之间的信息更加透明化，促使商家能为每个旅行者“量身定做”适合的定制化、个性化旅游产品和旅游服务。智能行程规划、智能语音导游导览等应用推动个性化旅游服务模式形成，促使旅游业进入散客时代，自助游、主题游、文化游成为主流。

- 服务精准化。利用智能化方法对旅游信息进行智能感知和有效收集，进而通过分析挖掘使旅游业者全面掌握旅游市场信息，将自身产品或服务与市场热点和旅行者需求相匹配，向旅行者定制化、层次化的推送产品和服务信息，在实现营销有的放矢的同时，实现对旅行者的精准化服务。
- 带动区域经济发展。以旅游景点为中心，形成区域旅游相关服务供应联盟，整合景区景点现有独特的自然资源、经济资源、文化资源、历史资源等优质要素，以及住宿、餐饮、娱乐、购物、交通等旅游相关行业资源。促进旅游产业的线上线下结合，使线上的展示、营销、体验，与线下的营销、游览、消费等活动，相互推动，相互促进，为顾客提供更好、更优的客制化服务。

面临的困难和挑战

目前广为应用的人工智能技术多为弱人工智能，与旅游业的融合应用尚处于初期阶段，需要人工根据应用场景情况进行建模，然后由算法等技术手段实现自动决策和自动执行，从而达到智能化。因此，人工智能与旅游业的融合存在诸多问题和挑战。

数据环境封闭、信息孤岛现象仍然存在

数据是人工智能技术应用的基础，也是智慧旅游的重要构成要素，其重要性不言而喻。旅行者在计划、旅游途中，甚至归途中会留下“吃住行游购娱”等各方面、不同来源、不同类型的数据，这些浏览和消费数据构成了“旅游大数据”。但是，由于旅游大数据的来源多样、形式多样，难以完整地获取和记录。首先，“吃住行游购娱”等方面的数据通常分散在多个网站、APP或商家手中，数据权属模糊，流动无序，尚未形成良好机制实现旅行相关的碎片化数据有效共享，单个商家只能根据自己获取的或联盟伙伴掌握的部分游客的部分数据进行分析，造成数据分析结果的局限性。其次，数据记录方面缺乏行业标准，不同网站、企业或平台之间的数据存在口径不一的现象，旅游数据的存储方式和格式千差万别，数据的更新频率也不一致，不同数据集之间缺乏兼容性，造成旅游大数据整合困难，难以完整使用。

场景深度建模和算法选取难度较大

除了旅行者的行为偏好等旅游大数据信息难以完整收集和获取之外，数据的处理也存在瓶颈。以人工智能技术为核心的

智能行程规划、智能语音导游等应用效果，由旅游应用场景模型的准确度和算法的合适程度来决定。首先，目前建立各类旅游场景的模型都较为简单，未能深入了解和掌握场景特征，缺乏用数字化的模型精确反映和描述场景涉及的“吃住行游购娱”几大方面的数据关系，形成旅游信息知识库较难将不同地区、不同领域、不同来源的数据信息统一表示、处理和评估，未能形成旅游信息全场景覆盖的数学模型。其次，算法的选择也至关重要，直接影响到数据分析的效率和中间误差，以及结果的收敛速度和准确度。目前，神经网络算法、支持向量机等算法技术在不同场景的应用效果各有优劣，需要针对不同旅游场景的应用，选取、调试相应的智能算法。

隐私数据保护和合理利用之间难以平衡

人工智能等技术的应用需要大量精确数据作为支撑，其中不乏个人隐私数据、企业经营敏感数据等。因而人工智能为旅游业带来方便的同时，也给游客、企业等利益主体带来信息安全和信息泄漏风险，容易被不法分子窃取，导致人身和财产损失。但是，如果一味地强调数据安全，对数据进行过分保护，将会丧失旅游大数据的价值，增添旅游信息的不对称性，损害旅游产业的健康发展。数据作为新型生产要素，其产生、采集、存储、流转、利用、交易和销毁贯穿于旅游产品设计、旅游经营服务等全过程，数据只有在使用中才能发挥对用户、企业等主体的作用。企业通过数据的分析掌握旅游市场行情，合理制定和规划战略；旅行者通过各类数据信息挑选旅游地点，规划旅游行程等。因此，旅游大数据既不能只保护不发展，也不能只发展不保护，需要进一步探索旅游大数据，特别是隐私数据合理利用与合理保护的平衡点，保护与发展并重，才能保障旅游大数据有效利用，使旅游产业有序发展。

下一步发展建议

人工智能融入旅游业的目的不仅是提质降本增效，更重要的是使旅游业适应产业转型、消费升级带来的强烈变化，因此，政府、行业、企业等各方都应从自身的角色出发，找到技术应用带来的变革，利用好人工智能技术，最终实现旅游业的智能化转型。

政府：包容审慎监管

虽然人工智能技术与旅游业的融合应用已经产生了行程智能规划、自助语音导游等较为成熟的应用，但是技术对旅游行业的改变尚处于初期阶段，产生效率提升的同时也带来诸多问题。政府对于“人工智能 + 旅游”应抱以“包容审慎”的态度进行监管，既要包容新技术应用的创新发展带来的试错成本，也要保守用户、企业等利益主体的人身财产安全和市场良性秩序。包容不等于纵容，审慎也不等于放弃监管。政府对人工智能与旅游业融合应用的监管要有所为、有所不为。在旅游市场利益格局调整和风险中“托住底”，防范市场垄断和系统风险；在市场应发挥能动作用的地方“管住手”，发挥市场自身的调节作用，不过分干预市场良性的更新迭代，从而引导旅游业健康发展。

行业：注重人才培养

人工智能与旅游业的融合发展是一项全局性创新工作，需要由旅游业相关的“吃住行游购娱”各方面资源进行支持，对各个旅游应用场景的流程和特点进行分析，系统全面地整合旅游全流程产品和服务。因此，构建覆盖旅游服务、消费支付、出行管理、市场等场景分析，以及平台架构、大数据、人工智能等技术应用的专业化、完备的人才团队，是人工智能等技术与旅游业深度融合应用的基础。旅游行业应注重相关人才的培养，既要有在专一领域深耕的专业化人才，也要有既懂旅游又懂技术的复合型人才，形成多层次有效利用的人才价值网络，切实提升人工智能技术应用的广度和深度，促进旅游业的智能化转型。

企业：加强技术应用

企业是人工智能与旅游业融合应用的主体，需要通过不断的实践挖掘旅游业中人工智能技术应用的关键要素和基本原则，使技术应用能够真正引导旅游业智能化的发展。智能行程规划、智能语音导游、智能营销服务等人工智能在旅游业的深度应用不是一蹴而就的，需要在使用过程中不断迭代、完善各类场景中的技术使用方式，依靠企业应用新技术和游客用户反馈的海量旅游大数据，不断壮大用户规模，推动人工智能技术应用从探索到成熟的螺旋上升式发展和深化，逐步形成更多更好更贴合使用者习惯和需求的智能化应用。

社会：共建开放共享价值生态

随着人工智能等信息技术的迅猛发展和向旅游业渗透应用的程度不断加剧，软件定义、数据驱动、平台支撑、服务增值、智能主导的融合发展特征日趋明显。人工智能与旅游业的融合发展，需要政府、行业、企业、游客等多方共同构建良好的产业发展生态。各方需以价值共创为导向，让旅游大数据在产业生态中自由流动，实现多渠道多方位旅游数据的整合，充分发挥旅游大数据的作用，构筑覆盖技术创新、资源整合和动态配置、平台服务、用户参与、多方协作的开放网状价值生态，形成人工智能与旅游业融合发展的新型发展路径，构建适应融合发展需要的产业生态。

参考文献

[1] 李国忠. 人工智能技术在智慧旅游中的应用. 自动化与仪器仪表，2017（12）

[2] 罗春科. 浅谈智慧旅游对传统旅游业的影响. 东方企业文化，2015（16）

[3] 王志宏，杨震. 人工智能技术研究及未来智能化信息服务体系的思考. 电信科学，2017（5）

[4] 徐少甫，张天明. 复杂网络数据挖掘在智慧旅游系统中的应用研究. 数字技术与应用，2017（10）

[5] 薛乐乐. 浅谈人工智能在现代旅游业中的应用. 科技风，2018（3）

企业如何进行数字化转型

在数字时代，所有机构都要积极进行数字化转型，这是从适应到依赖数字技术并逐渐形成数字化思维的过程，是彻底的组织进化，是实现社会治理现代化的重要组成部分。其中，最主要的组织机构是企业。

企业数字化转型的背景

数字技术正在重塑商业世界，新的商业模式和颠覆式创新不断涌现，产业边界日益模糊，外部环境的数字化决定了数字化转型是传统企业的必经之路。

原题《企业如何进行数字化转型》，作者马化腾、孟昭莉、闫德利、王花蕾等，发表于《科技中国》，2017年第7期。

消费市场的快速变化

数字时代，越来越多的商业活动发生在线上。电商平台、社区营销、虚拟商品、在线服务、电子支付、O2O 等创新层出不穷，消费者有更多的渠道和方式对比、挑选和购买商品，更加重视消费体验。消费者不再是商品和广告的被动接受者，而是乐于讨论、表达对商品的理解和期望并加入到企业的商业活动中去的主动参与者。商品的生命周期越来越短，市场越来越细分，消费者忠诚度也越来越低。

数字企业的竞争

第一类竞争是传统行业内出现的新一代原生数字企业。例如，数字媒体正在全面颠覆传统的传媒形态。

推特、微博、Facebook、微信等社交网络和今日头条等新闻聚合器不仅改变了新闻的传播方式，也改变了读者对新闻品牌和新闻生产过程的认知。

垂直细分类纯数字媒体不需要专门内容分发渠道和读者分析部门，只需要专注做好自己领域的内容，网络能够将它们的内容直抵感兴趣的读者。阿里巴巴、京东等电商与商场、大型超市等传统零售业直接竞争，Uber 和 Airbnb（爱彼迎）给出租车业和酒店业带来了巨大压力。

第二类竞争是数字企业的跨界竞争。谷歌通过“谷歌气球”和“谷歌光纤”进入通信设备制造和互联网接入市场，无人驾驶汽车项目已经进入了第 8 个年头。亚马逊开设实体书店（Amazon Books）和实体便利店（AmazonGo），制作的电影《海边的曼彻斯特》拿下 2017 年奥斯卡“最佳男主角”和“最佳原创剧本”奖，电影《推销员》获得“最佳外语片”奖。以在线出租 DVD（高密度数字视频光盘）起家的 Netflix（网飞）目前主营线流媒体和视频点播领域，通过互联网在全球 190 多个国家和地区为 9300 万用户提供电视节目服务；该公司还进入制片领域，制作出《纸牌屋》《制造杀人犯》等著名电视剧，纪录片《白头盔》获得 2017 年奥斯卡“最佳纪录短片”奖。

传统企业间的数字化转型竞争

传统企业间的数字化转型竞争是转型速度和转型效果的竞争。数字化转型速度快、效果好的传统企业能够更快、更好地适应数字时代，在人才、资本和品牌的竞争中保持优势。例如，BBC 推动了从内容制作、平台发布到数字品牌塑造、组织管理的全面数字化转型，不断提供符合市场需求的高品质内容和持续改进的用户体验。传统企业的数字化转型竞争也体现在借助数字化技术推动业务转型或业务扩张方面。例如，GE 通过 Predix 软件平台、西门子通过 MidSphere 云平台进行企业业务的软件化和数字（分析）化转型；中粮集团通过“我买网”将业务扩展到粮油食品之外的日化、家纺、家具、家电等零售领域。

企业数字化转型的内容

企业的数字化转型，包括企业战略、营销、商品、商业模式、管理乃至企业文化和思维方式等整体的数字化转变。

企业战略的数字化转型

数字技术不仅从物质层面，而且从机能层面复制了现实世界，现实世界几乎所有的实体、实体的运行和实体之间的互动都有数字的对应。从社会的数字化转型趋势看，数字技术能模拟、重现和参与社会活动，也能使线下的物理社会空间和线上的虚拟空间逐渐融合，实体经济和虚拟经济逐渐融合，协同进化；从组织行为看，人、物、组织之间的信息传递、处理和控制机制也都数字化，并引起组织内外部的互动方式快速调整和更新；从人的认知和行为方式看，不论是客户还是企业成员，工作和生活都越来越习惯和依赖数字技术，不会区分传统商品和数字化商品。

企业战略的数字化转型是理解和适应这种变化，采取措施主动学习和应用数字技术，提升效率和推动创新，在变化中更好地识别机会、抓住机会和创造价值。例如，市场越来越细分既是企业数字化转型的外部环境，也是数字技术创造的新市场机会。借助数字技术，传统企业能够更好地收集、分析和预测更多客户的个性化需求，基于已有的优势资源和对行业、客户的深刻理解，在全球范围寻找需要的人才、供应商和合作伙伴，重新组织生产和创新，推出更丰富的产品线，精确满足细分客户群（甚至是个人客户）的需求。

企业战略的数字转型不仅仅是制定数据驱动的决策，而且是培养从管理层到普通员工的数字意识和工作习惯、改变原有的流程和组织结构、调整资产组合、支持新的数字业务和商业模式的渐进过程。

营销的数字化转型

根据 2016 年科特勤咨询（KMG）的调研数据，81% 的企业认为，数字营销是数字化转型的关键，但是 68% 的企业没有制定系统的数字营销战略，58% 的企业认为数字营销没有达到预期效果。传统企业如何更好地应用数字技术和数字媒体，建设数字品牌，提升用户体验，与客户进行更多、更深入的互动，是营销数字化转型的重要内容。

建设数字品牌

数字品牌是通过数字媒体进行品牌表达的形式。相比传统媒体，数字媒体的内容和形式更丰富，情感表达和互动性更强。通过数字媒体表达的数字品牌更容易被接受，尤其受数字时代年轻人的欢迎。老牌媒体 BBC 在 2011 年确立“BBC Online”为唯一数字化服务品牌，所有产品和服务形式都包含在这一品牌之下。奢侈品牌 Burberry 从 2011 年开始在网络上直播时装秀，并逐渐扩展到社交媒体（如 Facebook）和其他数字媒体上（如 Apple TV），通过网络改变奢侈品牌“高在云端”的营销形象，向更年轻的数字时代消费者靠近。可口可乐为了更好地使用网络语言，拉进与年轻人的距离，在推特上付费定制了一套以可口可乐瓶为原型的表情符号。

善用社交网络营销

网络社交营销是建立口碑和品牌的有效策略，从全球来看，社交网络营销已经成为更受广告主青睐的营销方式之一。根据美国零售联盟和 Forrester 咨询公司的调查数据，2016 年 92% 的美国零售商参与了社交媒体营销，排在前三位的社交媒体分别是推特（85%）、Facebook（74%）和领英（72%）。根据微博 2016 年财报，第四季度广告营收同比上涨 55%，达到 12.91 亿元，其中品牌广告收入同比增长 149%，表明企业更加重视微博的营销作用。

创意和线上互动是社交网络营销的关键

数字技术为创意提供了无限空间，好创意让人无法抗拒，是信息过剩时代抓住客户注意力的关键。2015 年，杜蕾斯通过 H5 页面（利用超文本标记语言 HTML5 制作的页面）开办了一个主题为“液体主义”的虚拟美术馆，“展厅”设计继承了塔特林构成主义风格，展出了 12 位青年画家的作品，背景音乐是窦唯的《漓江水》，用艺术的形式介绍和推广情趣啫喱系列产品。又比如，对突发事件的正能量响应或幽默回应、回答粉丝留言或转发粉丝自拍、参与者奖励等方式也是有效的线上互动方式。

2012 年，丝芙兰在 Facebook 上开展了一项“美丽刺激 15 天”的有奖参与活动，奖品包括菲亚特汽车、巴黎一家化妆学校的参观旅行和丝芙兰购物券，吸引大批 Facebook 用户关注其产品，粉丝数上涨到 350 万，并产生了 52 万的推特转发。

提升线上—线下的一致性和便利性

传统企业在线下经营的基础上新建线上渠道和接触点，会带来线上—线下体验一致性和便利性的问题，包括：客户感知的线上—线下环境一致性（例如，在线商店与实体店铺的设计风致是否一致）、消费过程的线上—线下无缝衔接（例如，是否可以在线预定后到店消费或者在线付费后到店取货，会员资格和积分等是否通用）、购买到商品的线上—线下一致性（例如，网购商品的内容、功能、包装与实体店铺购买是否一样）、消费后的服务保障是不是一致（例如，线上邮购的产品是否可以去线下实体店铺维修或者退货、享受同样的上门服务，而不是必须原址邮寄回去）。以服装品牌 Zara 为例，Zara 官网、APP 和实体店在设计视觉风格、产品分类方式（女装、男装、童装、折扣等）、产品换季节奏、定价上保持一致，在线购买产品可以在任意一家实体店退货。星巴克 APP 向会员提供附近门店查询、促销信息、充值和个人账户信息查询等服务，用户在门店消费时可以直接扫描登录首页的二维码支付，节省付费时间。

提升用户参与度

好的数字营销鼓励人们通过分享想法、共同完善设计、众筹、组建产品讨论组和粉丝社区等形式参与企业的商业活动。例如，景区管理者鼓励游客提交旅行照片用于社交网络推广，眼镜零售商鼓励客户给出评价并贴出自己作为模特的照片。2016 年，味全每日 C 果汁推出“拼字瓶”包装，7 种果汁每种都有 6 个印有醒目汉字的包装，共有 42 款包装、42 个汉字。这些果汁瓶的不同排列顺序会形成不同的句子，例如，5 个分别有“你”“好”“别”“感”“冒”的瓶子放在一排，形成“你好，别感冒”，也可以拼成“你感冒别好”。其他组合还有“你好色，别抱我”“求温暖，抱抱我”“养好身体”等。42 个汉字经过精心挑选，约 1/3 的字拼出来是与果汁增强抵抗力有关的，另外 2/3 主要强调关怀。多种创意排列组合被社交媒体转发，味全通过创意包装成功推动了客户从被动接受产品到主动参与产品营销，提升了销售额，每日 C 果汁的月销售额同比增长 40%。

商品和生产的数字化转型

商品的数字化

商品的数字化是数字技术对商品形态和功能的改变，可以大致分为以下三类。

第一类商品数字化转型是产品本身的数字化，例如金融、媒体、出版、教育等行业的产品和服务的数字化。这类数字化转型通常伴随着商业模式创新，比如第三方电子支付、按需购买（例如视频点播、单首购买歌曲而不是按专辑购买、按时间段而不是按使用量购买服务）、在线出版的“免费＋广告”模式等。

第二类商品数字化转型是借助数字技术为商品附加更多功能，这一类数字化转型常与市场细分和差异化创新密切相关。例如，耐克公司的 Nike+ 系列运动鞋通过内置传感器记录了客户的运动路线、距离、时间数据，并与 APP、社交网络、定制化训练项目相连，满足客户从科学锻炼到情感交流的多种需求。

第三类商品数字化转型是围绕数字技术对传统产品进行重大革新。例如奔驰、宝马等汽车企业开发无人驾驶汽车，罗尔斯·罗伊斯开发无人驾驶远洋货轮等。这类数字化转型通常更具颠覆性创新的特点，具有彻底改变客户行为习惯或同类产品使用规则的潜力。

以上三类数字化转型本身没有优劣之分，传统企业根据行业特点和企业战略，可能同时进行一类或多类的商品数字化转型。

生产的数字化

传统企业的生产数字化转型主要是指产品生产过程和服务提供过程的数字化。例如，BBC 内容生产的数字化和数字内容发布的互联网化，阿迪达斯使用 3D 打印技术生产个人定制跑鞋，移动网络运营商通过全网 IP 化、平台化、SDN（软件定义网络）等方式和技术持续推进全网数字化转型升级。传统制造企业能够使用数字技术在完全虚拟的环境中建立模型、验证和仿真，将包括生产在内的所有前端和后端环节都集成到统一的数据平台，使生产过程变得柔性、灵活和智能。

商业模式的数字平台转型

数字平台或许是数字时代最重要的商业模式创新。2016 年，福布斯全球上市公司市值排名前 3 名、第 6 名和第 8 名的都是平台公司，分别是苹果、Alphabet（谷歌母公司）、微软、Facebook 和亚马逊。数字平台颠覆了传统行业的游戏规则，创造了一个又一个新型社群市场，原本相互竞争的企业、需求完全不同的消费者在一夜之间都成了为平台贡献价值的平台参与者。传统企业打造自己的数字平台是实现商业模式数字化转型、与其他数字平台竞争的重要途径。

数字平台

数字平台是线上技术支持型的双边或多边市场商业模式，帮助两个或多个有潜在商业关系的平台参与者完成交易。平台获益方式灵活多样，可以收取交易佣金（例如，滴滴收取固定比例佣金），单方收取服务费（例如，谷歌搜索引擎广告只向广告方收取费用，流媒体音乐服务平台 Spotif 向高级收费会员提供去广告和高质量流媒体音乐服务），也可以围绕平台数据提供市场营销、投资咨询和数据交易等服务。平台运营者可以在平台出售自己的产品（例如亚马逊、京东），也可以仅仅提供服务（例如谷歌搜索引擎广告、淘宝）。

数字技术支持的网络效应是数字平台价值的来源。数字技术大大降低了平台运营对物理基础设施和有形资产的需求，降低了建设、扩展、维护和升级的难度；数字化的信息、经验和数字系统可以零成本地传递和复制，极大降低了智力资本和关系资本的扩展成本。数字平台覆盖众多生产者、消费者和第三方，其体量和市场内关系的复杂度远远超过传统商业模式。参与者规模、参与者之间互动数量的线性增长，都会带来平台价值的指数级增长，这就是平台的网络效应。

商业模式数字平台转型的意义

建设数字平台是传统企业主动适应数字时代的战略型商业模式创新。传统企业的数字平台商业模式基于已有资源、对行业的深刻理解和能力积淀，短期看是企业当前竞争优势的延伸，长期看平台本身将成为企业的竞争优势，传统业务将在数字平台环境下继续存在和发展。

建设数字平台商业模式是传统企业与其他数字平台竞争的重要途径。传统企业重视企业内部资源、效率、能力的培养和壁垒建设，同业竞争者、有议价能力的供应商和渠道可能被视为企业的外部负资产。平台商业模式关注的是平台参与者和参与度的规模效应。不论同行业竞争者还是有议价能力的供应商，只要在平台上从事商业活动的参与者都是平台的资产，参与者的平台活动数据也是平台的资产，都在为平台贡献价值。换句话说，传统的产品运营与数字平台运营的竞争是个体与生态系统的竞争，只有传统企业也采取平台商业模式，才能够在对等的维度上与其他数字平台展开竞争。

数字平台商业模式的类型

从服务对象和经营范围看，传统企业的数字平台商业模式可以大致分为四大类。

第一类是简单的线上业务扩展。企业在自有业务的在线服务系统之上添加支持第三方的新功能，从而形成平台，实现业务的扩展。例如，招商银行的移动网银 APP 提供购买电影票、订餐代金券、生活缴费、挂号就医等生活服务；中国电信基于自己的移动网络和大量的用户资源推出“翼支付”，进入移动支付市场。

第二类是围绕自己的产品建立细分生态。这类平台关注为使用自己产品的用户提供更多的价值。例如，耐克在 2006 推出 Nike+，2014 年耐克成立 Fuel Lab 实验室，与美国第二大孵化器 TechStars 合作推出了 Nike+Accelerator 项目，将 NikeFuel 的平台开放给第三方开发者，鼓励第三方开发者利用 Nike+ 平台开发创新的运动健康应用。Nike+ 吸引消费者不断上传个人的身体、运动和社交账户数据，进一步挖掘人群运动模式、偏好接受的营销方式等信息。经过多年发展，Nike+ 已经成为全球运动爱好者社区，对耐克可穿戴运动设备的成功发挥了巨大作用。紧跟耐克之后，阿迪达斯和亚瑟士也建设了各具特色的运动社区，为自己的用户提供更多服务，在平台层面与耐克展开竞争。这类具有显著品牌特色的社区平台对营销、产品创新和提高用户黏性具有巨大作用。

第三类是基于自己的优势资源，抓住产业机会定义和培育一个新的生态，寻求先发优势。这类平台关注整个新兴业态的成长，容易形成赢家通吃或寡头垄断的平台市场格局。2014 年，GE 宣布开放工业互联网软件平台 Predix，并于两年后向所有工业互联网应用开发者开放了 Predix。为了建设更好的生态系统，GE 与思科合作，推出了支持 Predix 的工业级路由器；与英特尔公司合作开发了使用 Intel 处理器的嵌入式智能联网接口参考架构；与软银、Verizon 电话公司、沃达丰等合作开发面向工业互联网的连接方案。全面开放后的 Predix 相当于工业互联网版的安卓系统，为工业应用开发提供良好的平台环境，同时支持 GE 和非 GE 设备。目前，GE 和其他开发者共为 Predix 开发了数十款应用，而且 GE 的大部分部门也已经在使用 Predix。未来，GE 公司还将向第三方开发者开放 Predix 平台上的数据，希望吸引更多的开发者和企业使用 Predix 开发的应用，扩大工业互联网生态系统，复制安卓系统在消费电子领域的成功。类似的工业互联网开放平台还有西门子的“Mindsphere 开放工业云”和我国航天科工集团的“航天云网”平台。虽然三者都还处在发展初期，但瞄准的是同一个市场，随着各自的成熟，很快将会展开直接竞争。

第四类是通过平台—平台合作，扩大网络效应。这类合作通常发生在业务互补的平台之间，为平台参与者提供更多的商业机会和更好的服务。2014 年，美国最大的连锁零售药房、百年老店 Walgreens 和 2009 年成立的在线医疗健康服务平台 MDLIVE 合作推出了远程医疗服务平台，提供从医生（来自 MDLIVE）到药品（来自 Walgreens）的无缝服务，Walgreens 如愿进入远程医疗市场。《华盛顿邮报》将公司网站上的新闻同步发布到 Facebook“即时新闻”平台上，借助 Facebook 扩展自己的新闻读者群，提升阅读体验，同时获得更多的广告收益（Facebook“即时新闻”的内文广告收入全部归媒体所有）。

以上四类平台商业模式之间没有优劣之分，传统企业可以根据自己的需要采取单平台策略，也可以采取多平台运营策略，或者通过投资或收购的方式实现商业模式的数字平台转型。

管理的数字化转型

数字技术推动传统企业从流程驱动、中心控制的组织形式变成共享平台、高度去中心化的新型组织，改变了企业运营生产的整个过程。传统企业的数字化转型涉及方方面面问题，这里从战略、组织结构、管理平台和人才四个方面进行简单介绍。

强化数字化转型的战略地位

数字化转型要有强有力的领导。传统企业的数字化转型是企业的功能、结构和运行机制不断改变的过程，是企业文化和员工的思维、工作习惯逐渐数字化的过程，必然会遇到种种阻力。为解决转型中组织的阻力甚至是冲突，传统企业需要从战略层面确立明确表达的数字化转型战略和阶段目标，制订详细计划，设置数字化转型的关键负责人，保证愿景自上而下地传达，形成组织认同，并向组织外部传递明确的数字化转型预期。

调整组织结构

组织结构服从组织战略。传统企业需要调整当前的组织结构以更好地应用数字技术和适应数字化转型的需求。比较常见的做法是设立新部门或新职位，整合与数字化相关的业务或职能工作，专门负责企业的数字化转型工作。有的企业还需要一些层级不高但是具有重要作用的新部门，比如专业的数字分析部门、网络安全部门等。比如，BBC 在“财务与运营部”下成立了“数字工程部”，负责企业硬件类的数字化基础设施建设。

建设统一的数字平台

统一的数字平台适应未来共享平台、去中心化领导的组织结构发展方向，对于大型企业尤其适用。企业能够将业务系统和职能系统迁移到该平台，实现实时的数据分析和灵活的业务流程优化，承担更多的日常工作，大幅提高运营效率，解放更多的时间和智力资源用于战略性优先工作，提升企业响应速度和加速创新。同时，数字平台能够充分发挥数字技术灵活、弹性、可试错和快速迭代的特点，配合业务创新、组织结构调整、工作流程变革和人员数字技能培训等工作节奏，更顺滑地帮助企业完成数字化转型。例如，BBC 的数字化转型建设了一个统一的数字平台，同时支持内容的制作生产、内容发布和企业内部管理，便利跨部门的沟通和协作。

培养、寻找和留住数字人才

随着商业活动数字化程度的不断提高，数据人才不足的问题越来越突出，数据分析师、数据科学家、人机交互工程师等专业人才非常缺乏。除加大内部培养力度外，传统企业可以从外部招聘人才，根据工作岗位和人才的特点调整企业的业务流程、考核机制和薪酬体系，制订合理的任务目标，提供合适的工作工具和工作环境，并对企业文化做出适度调整。例如，为数字人才设计专门的晋升通道、采用弹性工作制、弱化或取消数字部门的着装要求等。

企业数字化转型带来的新问题

隐私、知识产权保护等新问题

数字技术的大范围使用在提高效率和促进创新的同时，也带来了隐私保护、知识产权侵权、网络安全、劳动保障等问题。法律和监管又常常滞后于问题的大规模出现。传统企业的数字化转型需要提前考虑到这些问题并制定相应的策略。例如，制定严格的隐私保护用户使用条款和服务规则，采用高级别的安全策略和安全技术，制定商户信用审查、奖惩和用户保障措施保护用户利益，积极与监管者合作以规避监管风险。

决策过度依赖数据

数据驱动的决策过程可能带来对数据的过度依赖，导致管理者决策失误。哈佛商学院教授、“颠覆性技术”理念的创造者克莱顿·克里斯坦森认为：“上帝并没有创造数据，创造数据的是人。”他认为数据只能让人们看到过去的表象，从数据收集到分析和解读，每一步都在损失大量的信息，数据无法看到未来，并不适用于最重要的事情；相反，企业管理者对产品、服务、客户的经验和模糊知识，与客户（尤其是重要客户）的直接沟通、亲身体验产品和观察消费场景以及多年形成的常识和直觉，对于重大决策依然具有极为重要的作用。

社会责任

数字时代，企业的商业活动与个人生活更加紧密地缠绕在一起，企业在承担更多社会职能的同时，实际上也正在货币化这些社会职能。在财富和社会权利的再分配过程中，无论是原生数字企业还是处于转型中的传统企业，都需要承担起更多的社会责任。比如，对于网络社区内的人身攻击、语言暴力等言论的主动管理，利用大数据技术发现和下架仿冒产品、提醒用户某些网站的潜在危险性，建设和维护公共网络空间，研发和提供无障碍数字工具，以及利用自己的技术和数据优势从事其他社会公益事业。

中小企业如何实现数字化转型

以互联网、大数据、人工智能为代表的新一代信息技术正在加速与实体经济融合，带动数字经济的广度和深度不断扩展，新模式、新业态持续涌现。中小企业个体规模虽然小，但整体数量庞大，是推动数字经济发展的重要组成部分。数字技术在中小企业中的推广应用，在推动中小企业数字化转型的同时，为中小企业创业发展提供了新途径和新模式，拓展了中小企业发展的新空间。

数字经济为我国中小企业发展提供了难得的机遇

我国中小企业数量规模多达3000多万家，是促进经济发展、优化产业结构、缓解就业压力的重要力量。可以说，作为

原题《中小企业如何实现数字化转型》，作者闫德利、张芳芳、高晓雨，发表于《新经济导刊》，2019年第1期。

产业转型和跃升的微观基础，中小企业能否实现数字化转型，成为我国重塑国际竞争力的关键。新一代信息技术的整体突破，数字经济的蓬勃发展，为中小企业发展带来难得的历史机遇。

一是数字经济的发展有利于加快中小企业技术创新和模式创新。通用目的技术的进步和变革是推动人类社会阶跃式发展的核心动力。互联网作为数字经济时代最具代表性的通用目的技术，有助于大数据、云计算、人工智能、虚拟现实、区块链等技术的能力提升。技术进步开始超越线性约束，呈现出指数级增长态势。得益于微信小程序的出现，中小企业有了对接移动互联网资源重要契机，能够更好地对接线上资源，实现快速发展。而且，借助微信小程序的免费流量的加持，中小企业无需投入不菲的资金和人力去开发 APP，从而可以节省出更多精力去探索与互联网结合的新商业模式。

二是数字经济的发展有利于中小企业提质降本增效。当前，经济下行压力加大，生态环境保护形势严峻，能够实现增效降本对于中小企业而言尤为重要。得益于云计算发展，中小企业不需要建立自己的网络和服务器，直接可以享受更加有规模经济的、统一管理的、成本更低的存储和计算空间，实现技术普惠。此外，探索中小企业上云通道、打造中小企业生态圈，将获得更大的产业提升价值回报。因此，中小企业对上云具有十分迫切的需求。从目前来看，我国中小企业已成为上云的主体。以工业领域中小企业上云为例，根据两化融合服务平台数据，2018 年我国工业领域中小企业上云比例达到 42.2%。

三是数字经济的发展有利于中小企业创新创业高层次高端

化发展。我国创业主体、形态、领域呈现高端化发展趋势，创业人群多为名校毕业的硕博士等知识型科技型的高层次人才，创业项目也更倾向于虚拟现实、区块链等高科技研究和技术服务。科大讯飞、优必选、大疆、摩拜单车等近年来炙手可热的创新企业均不同程度地带有高科技属性。创业形态从原来的个体户、家庭作坊、乡镇企业、订单加工企业到现代化企业、科技型创新型高成长型企业以及共享经济、平台经济、“互联网 +”等创业新形态和新模式。创业领域从原来的传统生产制造和消费品领域到以“新技术、新产业、新业态、新模式”等新经济领域。

四是数字经济的发展有利于中小企业更便捷地融资。中小企业因为很难找到其他物品来做抵押，所以融资比较困难。但随着金融科技的不断优化升级，中小企业有了更好的融资平台。比如，企查查等基于大数据分析的企业征信平台，广泛收集企业的社会信用信息，利用数据科学、行为分析等手段深层次挖掘企业信用信息、金融需求，使融资平台、金融机构等的资金和服务能够覆盖到传统银行覆盖不到的长尾客户，尤其是缺乏有效担保抵押的民营企业和中小企业客户，这大大缓解了中小企业融资贵、融资难问题。另外，互联网、大数据等技术发展也催生出供应链金融、动产融资等新模式，借助网络平台完成信息搜寻、定价和交易等流程，将订单、产品物流等流动资产抵押进行融资，扩展了中小企业的融资途径，降低了融资的信用成本，让中小企业能够以更低的成本获取金融服务。

五是数字经济的发展有利于中小企业参与全球化贸易。跨境电商平台的发展降低了国际贸易的成本和门槛，使中小企业也可以借助跨境电商平台实现与其他国家客户和供应商的联系，这为中小企业发展创造了历史性机遇，促进了世界经济贸易的普惠发展，驱动传统产业转型升级。实际上，中小企业已成为我国跨境电商的主要参与者，数字经济推动中小企业国际业务的能力可见一斑。

多措并举支撑数字经济时代中小企业创新发展

中小企业的产业地位和市场作用不断提升，但是其要素规模、资源实力和经营特征难以支撑各自独立地去应对、完成数字化转型。因此，如何有效地引导、帮助量大面广的中小企业实现数字化、网络化、智能化转型，就成为关键中的关键。例如，腾讯公司在2018年战略升级产业互联网，将自身定位为“数字化助手”，通过提供公众号、小程序、移动支付、社交广告、企业微信、“云大智”（云计算、大数据和人工智能），以及安全能力七大工具，助力各行各业的中小企业快速成长。

一是加快顶层设计，营造适合中小企业发展的政策环境。紧扣数字经济发展实际和中小企业诉求，深入研究中小企业数字化转型的推进机制和实施手段，形成包含优惠政策、奖励补贴、表彰等激励机制，推动中小企业创新发展。

二是鼓励上云用云，帮助中小企业提质降本增效。有步骤、有计划地推进中小企业“上云”，将基础设施、业务系统等逐步进行云化改造，实现计算资源集中管理和动态分配，在云端开展采购管理、生产管理、销售管理、供应链管理、电子商务、客户资源管理等应用，不断提高企业管理质量、降低企业运营成本、提升企业管理效率，从而使中小企业具备较强的市场竞争能力。

三是推动产融结合，切实解决中小企业融资问题。加强中小企业使用云平台开展产融对接，推动企业与金融机构、数据公司、评级机构等广泛合作，畅通融资渠道，创新融资产品，提高中小企业融资成功率。

四是汇聚多方资源，补足中小企业发展短板。以平台、联盟等为牵引，汇聚各类具有服务意愿和服务能力的科研院所、服务机构、企业（尤其是大中型企业和平台型企业）等力量，为中小企业送技术、送市场、送智力、送资源，切实解决中小企业发展中的难点痛点和瓶颈问题。

五是加强公共服务，促进市场健康有序发展。整合政府、社会等促进中小企业发展的资源，以政府资金吸引带动社会资本的方式，探索形成“政府引导＋市场化运作”的中小企业公共服务机制，调动更多的社会力量，促进中小企业发展。

第五篇

做好数字化助手，壮大产业互联网

2018年9月30日，腾讯公司在即将迎来20周岁生日之际，启动新一轮战略升级，提出“扎根消费互联网，拥抱产业互联网”，从而点燃了产业互联网的热度。在产业互联网时代，互联网公司作为传统企业的数字化助手，传统企业成为真正的主角。两者共生共赢。

产业互联网的内涵、模式和兴起原因

产业互联网的内涵和特征

简而言之，产业互联网是以互联网的方式为产业主体提供相关服务的业态。马化腾在2019年两会建议案中认为：产业互联网是以企业为主要用户、以生产经营活动为关键内容、以提升效率和优化配置为核心主题的互联网应用和创新。实践中，有四个概念与之密切相关，分别是消费互联网、工业互联网、产业数字化和“互联网+”。

产业互联网和消费互联网

消费互联网和产业互联网的区别主要体现在服务对象、市

原题《产业互联网的内涵、模式和兴起原因》，作者闫德利，发表于《互联网天地》，2019年第6期。

场主角、市场结构和增长速度四个方面。如表 1 所示。

表1　　消费互联网和产业互联网的主要区别

	消费互联网	产业互联网
服务对象	·个人（2C） ·改变生活方式	·组织（广义的企业，2B） ·改变生产方式
市场主角	·互联网公司 ·此消彼长：互联网公司颠覆传统行业	·传统企业 ·共生共赢：互联网公司作为传统企业的数字化助手
市场结构	·赢者通吃，但不断受到新生事物的挑战	·底层基础设施：相对通用 ·百花齐放的应用层：行业小巨头
增长速度	·指数增长 ·沙滩捡贝壳	·线性增长 ·深海采珍珠

资料来源：腾讯研究院，2019年4月。

服务对象

消费互联网的服务对象是个人（2C），改变人们的生活方式，面向的市场是 8.3 亿网民，以及 14 亿人口。业界一般通俗地说：产业互联网的服务对象是企业（2B）。严格来说，其服务对象是各类组织，包括企业、个体工商户、农民专业合作社等市场主体，以及政府、事业单位、社会团体等组织，它改变社会的生产方式。其中，我国市场主体数量有 1.1 亿户。

市场主角

在消费互联网时代，互联网公司高歌猛进，获得了人们的广泛关注，被很多人认为是市场上的“主角”。凭借卓越的用户体验和快速的迭代创新，互联网不断颠覆传统行业，两者呈现出一定的此消彼长的关系。在产业互联网时代，传统企业成为真正的主角。互联网公司作为传统企业的数字化助手，凭借对行业的洞悉，帮助企业成功。两者变成共生共赢的关系。

市场结构

人们喜欢用“赢者通吃”来描绘消费互联网的市场特征，但这只是一个暂时的状态，因为所谓的“赢者”不断受到新生事物的挑战。对产业互联网，底层基础设施具有较高的通用性，具备形成较高市场集中度的可能；而在应用层将会是百花齐放，每个细分行业都会有若干行业小巨头。例如，美国的 HR、IT 服务管理、财务、CRM 等领域的代表企业的市值都达到 400 亿美元以上，甚至超过 1000 亿美元。

增长速度

消费互联网呈现指数增长，产业互联网多是线性增长。对市场难度，消费互联网如同“沙滩捡贝壳”，产业互联网则像“深海采珍珠”。

当然，消费互联网和产业互联网并非泾渭分明、非此即彼，两者不仅是并列关系，还有递进关系——互联网正由消费互联网时代边向产业互联网阶段，并渐呈融合之势，很多企业同时提供 2B 和 2C 的服务，它们往往根据服务对象不同来划分业务类型。例如，华为在财报中就把业务分为运营商业务、企业业务和消费者业务三类；美国财税软件巨头 Intuit 把业务分为三大部分：小微企业 / 自雇人士、消费者和战略伙伴（主要指专业会计师），

2018 财年它们分别贡献了 50%、42% 和 8% 的收入；微软 Office 365 和 AdobeCreative Cloud 均分别针对个人用户和商业用户，推出不同的产品和价格组合。

产业互联网和工业互联网

在英文中，产业互联网和工业互联网同根同源

工业和产业两个词语在中文语义中有着严格的区分，而在英文中两者是同一个词“industry”。相应地，不管是工业互联网还是产业互联网，英文均是“Industrial Internet”。人们通常认为，“Industrial Internet”一词是 Ge 在 2012 年发布的“Industrial Internet：Pushing the Boundaries of Minds and Machines”白皮书中首次提出的。我国一般将“Industrial Internet”翻译成“工业互联网”。实际上，该白皮书不仅涉及电力、石油天然气等工业领域，还包括航空、医疗、铁路等服务业领域。因此，从这个角度来看，把“Industrial Internet”翻译成“产业互联网”也符合 Ge 白皮书的意思。

在实践中，工业互联网比较官方，产业互联网更市场化

2015 年我国政府工作报告中首次提出“工业互联网”；2017 年 11 月，国务院《关于深化“互联网 + 先进制造业”发展工业互联网的指导意见》发布，意味着工业互联网正式成为工业发展的重点方向。此后，“工业互联网”相继被写入 2018 年和

2019 年政府工作报告。工业和信息化部是工业互联网的主管部门，近年出台诸多措施推动工业互联网发展，例如发布《工业互联网发展行动计划（2018—2020 年）》和《工业互联网专项工作组 2018 年工作计划》，并于 2018 年底成立“中国工业互联网研究院”。

工业互联网比较官方，产业互联网则比较市场化。由于企业的服务对象往往不会局限于工业一个门类，服务业、建筑业和农业甚至具有更广阔的市场空间。因此除专注于工业领域的少数企业外（如海尔、航天云网等），其他企业更倾向于采用产业互联网的提法，腾讯、慧聪、找钢网、亚信、用友、金蝶等公司都将产业互联网作为发展战略。

两者并不矛盾，只是侧重点不同。工业互联网突出了政府经济工作的重点——制造业。“制造业是国民经济的主体，是立国之本、兴国之器、强国之基。”而产业互联网则强调企业服务范围的全面性，以获得更多市场机会。就范围而言，工业互联网是产业互联网的重要组成部分。正如马化腾在 2019 年 IT 领袖峰会上指出：“工业互联网是产业互联网的主战场。”

产业互联网和产业数字化

与工业互联网类似，产业数字化也是政府的重点工作。产业数字化的概念起源于数字经济。我国把数字经济分为数字产业化和产业数字化两部分：数字产业化，也称为数字经济基础部分，即信息产业，具体包括电子信息制造业、信息通信业、软件和信息技术服务业、互联网行业等；产业数字化，即国民经济各行各业由于数字技术应用而带来的产出增加和效率提升，也称为数字经济融合部分。

产业数字化是一个范围更加广泛的概念，类似于数字化转型。我们不管是发展消费互联网、工业互联网还是产业互联网，都是推进产业数字化的重要手段。因此，产业数字化是过程，是目标；产业互联网是手段，是抓手。

产业互联网和"互联网+"

"互联网+"和产业互联网的区别首先体现在强调的重点不同。"互联网+"强调的是"+"的动作，强调的是一种过程——互联网与经济社会各个领域的渗透融合。产业互联网强调的是结果——互联网与产业深度融合的产物即是产业互联网。在范围上，两者也有大小之别。理论上，"互联网+"可以加万物，例如经济、文化、政治、社会、军事等。产业互联网则属于经济范畴。

产业互联网的主要模式

美国是互联网的发源地，消费互联网领先全球，以FAANG（Facebook、Amazon、Apple、Netflix、Google）为典型代表。不为众人所知的是，美国的产业互联网同样实力不凡，不仅有 AWS 和 Azure 等明星业务，还有 Salesforce、Intuit、ServiceNow、Workday 等众多细分领域的明星企业，与消费互联网呈齐头并进之势。如表 2 所示。

表2　国外产业互联网领域主要代表企业

序号	企业	国家	行业	成立时间	市值（亿美元）
1	Oracle	美国	数据库软件	1977	1919
2	Sap	德国	管理软件	1972	1378
3	IBM	美国	信息技术服务	1911	1250
4	Salesforce	美国	CRM	1999	1249
5	Intuit①	美国	财务软件	1983	668
6	ServiceNow	美国	ITSM	2004	435
7	Workday	美国	财务和 HR	2005	413
8	Autodesk	美国	设计软件	1982	340
9	Square	美国	移动支付	2009	316
10	Atlassian	澳大利亚	协作软件	2002	260
11	Shopify	加拿大	购物车系统	2004	230
12	Splunk	美国	机器数据分析	2003	200
13	Veeva Systems	美国	医疗 SaaS	2007	180
14	Twilio	美国	云通讯	2008	160
15	DocuSign	美国	电子签约	2003	95

数据来源：腾讯研究院收集整理，截至2019年3月19日。

美国的产业互联网发展与消费互联网几乎同步，在 2000 年前后迎来第一次发展高潮，目前已形成一个重要的、规模庞大的市场。与消费互联网相近单一的个人用户需求不同，产业互

① Intuit来自2B和2C的收入各占一半。

联网主要提供企业服务，每个企业所处的行业、规模和发展阶段不同，面临的痛点和需求也就不一样，这导致企业服务的多样性和复杂性，人们难以用简洁的语言就产业互联网的类型进行严格准确的划分和描述。大体来说，产业互联网服务企业主要有三类。

- 云基础设施服务：包括 IaaS、PaaS 和托管私有云服务，主要由大型软件厂商和互联网公司提供，例如亚马逊 AWS、微软 Azure、IBMCloud、谷歌云、阿里云和腾讯云。其中，腾讯云近年的发展十分引人注目。根据 Synergy Research 数据，2018 年腾讯云以 102.6% 的收入增速位列世界 Top10 厂商中的首位，市场份额首次超越 Google 位居世界第四位。
- 企业级 SaaS：它涉及企业生产经营活动的各个方面，相对通用的主要有 CRM、HR、ERP、财务、IM 等。也不乏专注于垂直细分行业的 SaaS 厂商，例如美国的 Veeva Systems 就是专注于生物医疗领域，市值高达 180 亿美元。就企业背景来看，企业级 SaaS 主要有两类：一类是企业软件厂商由授权许可模式向订阅付费模式的云化转型，以 Oracle 和 Sap 为代表；二是独立 SaaS 厂商，例如 CRM 领域的 Salesforce、ITSM 领域的 ServiceNow、HR 领域的 Workday，它们大多在 21 世纪第一个十年成立。在我国，企业级 IM 是一个竞争激烈、发展迅猛的细分领域，以企业微信为代表。截至 2018 年底约有 80% 的中国 500 强企业已成为企业微信的注册用户。
- B2B 交易服务：企业级 SaaS 主要提升企业在人、财、物等领域的管理效率，B2B 交易服务主要围绕电商和支付环节展开，以提升企业的交易效率。例如：中小企业支付服务商Square、购物车系统Shopify、代运营服务商宝尊电商、零售科技服务商有赞和微盟、B2B交易平台找钢网等。

产业互联网：我国互联网发展的二十弱冠之礼

美国互联网以消费互联网和产业互联网“双腿跑”的方式向前发展。我国则是消费互联网一枝独秀，产业互联网刚刚起步，呈现出“单脚跳”的特征。我国产业互联网是在消费互联网蓬勃发展20年后才开始萌芽、兴起，是互联网迈向成熟的弱冠之礼。

2014年：产业互联网的萌芽之年

1994年，我国全功能接入国际互联网。根据中国知网数据，20年后，在2014年我国首次出现以“产业互联网”为题目的论文。在中国互联网协会的推动下，以“产业互联网”为主题的大会也在同年首次召开。11月在中国高新技术论坛上，中国互联网协会理事长邬贺铨、副理事长高新民分别就产业互联网做了主题演讲；12月，由中国互联网协会主导的首届中国产业互联网高峰论坛在上海举行，至今已连续举办五届。

2015年，以工业和信息化部和国务院发展研究中心为代表的政府部门开始研究并推动产业互联网工作，产业互联网应用进一步深化。2015 年 4 月在第三届中国电子信息博览会上，工业和信息化部电子情报研究所、国家信息中心等 38 家发起单位举办中国产业互联网发展研讨会暨中国产业互联网发展联盟发起倡议仪式，6 月联盟正式成立。该联盟接受工业和信息化部指导。2015 年 5 月，国务院发展研究中心市场经济研究所主办产业互联网发展与政策座谈会，刘世锦副主任参加会议并致辞。国务院发展研究中心还成立了“产业互联网课题组”，开展了多场调研活动。

2018年：产业互联网的兴起之年

经过 2014 ~ 2015 年的萌芽，我国产业互联网在 2018 年开始兴起。2018 年 9 月 30 日，腾讯公司在即将迎来 20 周岁生日之际，启动新一轮战略升级，提出“扎根消费互联网，拥抱产业互联网”，从而点燃了产业互联网的热度。这距我国消费互联网第一次发展高潮整整 20 年。20 年前的 1998 年是我国消费互联网的兴起之年，腾讯、搜狐、新浪、联众等众多公司纷纷创立。2014 年产业互联网萌芽，2018 年产业互联网兴起，这是我国互联网迈向成熟的二十弱冠之礼。

产业互联网为何在 2018 年兴起？

受益于人口红利，我国消费互联网蓬勃发展，诞生了腾讯、阿里巴巴、百度等一批全球领先企业，我国成为唯一在消费互联网领域可与美国比肩的国家。也正是因为拥有巨大的消费互联网市场，使得企业服务显得不那么重要，长期以来产业互联网未得到足够重视。2018 年，人口红利消失，企业红利形成，加之企业本身因素，三大原因交汇融合，共同决定了产业互联网时代的到来。

人口红利消失，倒逼企业重视效率提升

根据 CNNIC 数据，截至 2018 年底我国已有 8.3 亿网民，普及率达 60%；网民平均每周上网时长高达 27.6 小时，是 40 小时工作制的 70%。消费互联网的天花板日趋显现，竞争日益激烈。另一方面，根据国家统计局数据，我国新生儿数量在 1998 年出现拐点——新生儿数量由每年 2000 多万（1981 ～ 1997 年）降到 2000 万以下，并持续至今。新生儿数量直接影响 20 年后的新生劳动力数量，这意味着新生劳动力数量在 2018 年迎来拐点——新生劳动力数量开始大幅减少，企业用工成本迅速提升。这倒逼企业通过技术手段来提高效率，产业互联网发展具备了内在动力。

企业服务领域潜力巨大，新的市场红利悄然形成

消费互联网的潜力依赖于网民规模，产业互联网的发展则基于企业数量。我国人口红利消失的同时，企业红利悄然形

成。我国不仅是世界第一人口大国，市场主体数量也居世界第一。根据国家市场监督管理总局数据，2018 年 3 月 16 日我国市场主体数量迈入“亿户时代”，截至 2018 年底已达 1.1 亿户。其中，企业有 3474 万户，全年平均每天新增近 2 万户企业。除此之外，我国还有众多政府部门、学校、事业单位、社会团体等组织机构，它们在数字化方面与企业有着类似需求，与 1.1 亿市场主体共同构成了产业互联网的服务对象。我国潜在的企业服务需求巨大，远远未得到开发和满足，未来市场空间不可限量。

同时，“数字土著”（Digital Native）在职场中日益壮大，80 后进入管理层，90 后迈入职场。这一代工作群体多是互联网原住民，他们更能接受信息化的工作方式，订阅付费的意识更强，更愿意拥抱产业互联网的变革。

互联网公司自身原因，诸多问题在2018年集中爆发

2017 年我国互联网公司高歌猛进，市值普遍大涨，多数在 2017 年底至 2018 年上半年达到市值历史最高峰。2018 年特别是下半年来，则进入下跌通道。如表 3 所示。

表3　我国主要互联网公司在2017年和2018年的股价增速

序号	公司	2017 年 股价增长率	2018 年 股价增长率	市值最高时间
1	腾讯	115.7%	−23.5%	2018.1.29
2	阿里巴巴	96.2%	−19.3%	2018.6.5

续表

序号	公司	2017 年 股价增长率	2018 年 股价增长率	市值最高时间
3	网易	64.5%	−30.9%	2017.12.21
4	京东	63.6%	−47.6%	2018.1.29
5	百度	42.8%	−30.8%	2018.5.16
6	携程	10.3%	−38.6%	2017.7.27

数据来源：腾讯研究院，2019年4月。

同时，一些负面问题开始集中涌现，引起了全社会的高度关注。例如：大数据杀熟、P2P 爆雷、OFO 押金退不出、顺风车司机奸杀女乘客、某电商负责人涉嫌性侵、用户信息泄露甚至被叫卖、电商“二选一”、裁员等。“穷则变，变则通，通则久。”在外部环境大好的情况下，企业往往会比较容易获得满意的业绩，主动求变的动力不足，组织变革的条件不成熟。2018 年，互联网公司业绩的普遍下滑，负面社会问题的集中涌现，为战略转型产业互联网创造了客观条件，也提供了外部动力。

产业互联网是新产业革命的战略支撑

大变革时代催生产业互联网

全球新一轮产业革命已经发生，新技术供给相当活跃，为世界各国发展提供了历史性机遇。以互联网、移动互联网、物联网、大数据、云计算、人工智能等为代表的下一代信息网络技术在研发、设计、生产、流通、消费、运营、维护、交通、物流、能源、金融、教育、健康、文化、旅游、应急、政府管理等多个领域深度应用与广泛渗透，给创新与升级带来深刻影响。全球产业格局与分工发生深刻变革，以更有效的方式促进人类发展。

中国是产业大国，经过改革开放四十年的发展，已经实现

原题《产业互联网是新产业革命的战略支撑》，作者魏际刚，发表于《经济参考报》，2019年3月20日。

了对发达国家在产品规模与数量上的“一次追赶”，但在质量、技术、效率、竞争力、品牌、基础知识和能力等方面仍需“二次追赶”。产业发展还存在结构不合理，质量效益欠佳、产品附加值低、创新能力不足，资源配置效率不高、环境约束紧、供应链不协调、要素成本持续上升、产业安全形势严峻、某些地区出现产业空心化等突出问题。同时，一个日益复杂、迅速变化、不确定性大增的世界已经来临，市场需求千变万化，消费热点不断转移，需求个性化、多元化、高品质化以及空间分布的广泛性，已使得传统企业面临更大压力更多挑战。传统的技术、商业模式、产品与组织形态越来越难以适应快速变化的市场。

中国若想在未来全球竞争中胜出，各次产业各类企业需要更广泛地连接市场、感知变化，更快速地反应需求，提供更适宜更优质更安全更绿色的产品与服务，在技术、产品、服务、模式、组织等方面持续创新，不断推进产品升级、服务升级、技术升级、流程升级、管理升级、运营升级与模式升级。而基于网络化、数字化、智能化的产业互联网为中国产业应对挑战、解决问题、把握新科技趋势、推进升级找到了一条切实有效的途径。

发展产业互联网意义十分重大

产业互联网是一种运用互联网、移动互联网、物联网、大数据、云计算、人工智能等下一代信息技术，促进企业内的人、物（如机器、设备、产品）、服务以及企业间、企业与用户间互联互通、线上线下融合、资源与要素协同的一种全新产业发展范式，它既是新生产方式、组织方式、运营方式，也是一种新的基础设施，是新一代信息技术与工业、服务业、农业深度融合的产物。

构建强大、智能、安全的产业互联网，有利于推动中国的产业升级。产业互联网使企业能够统揽全局，畅通供应链，打通上下游，做大生态圈，降低生产流通成本、提高运作效率，实现个性化智能定制。通过数字化、网络化、智能化手段对价值链不同环节、生产体系与组织方式、产业链条、企业与产业间合作等进行全方位赋能，推动产业效率变革。实质性推动各次产业互联互通，农业、工业与流通、交通、物流、金融、科技服务等互动，推动硬件、物理基础设施与软件、数字化基础设施等一体化发展，推动产业链、供应链、创新链协同，提升产业生态体系复杂性、韧性、灵活性与市场反应能力。

有利于提升产品与服务质量。围绕产品与服务质量不高的突出问题，产业互联网赋能企业检验检测体系，根据先行指标判断产品与设备的运行状态，预防故障的发生。能够实现产品自动检测、全程追溯与可视，实现智能质检。健全企业质量管理体系，提高全面质量管理水平。

有利于产业创新。产业互联网能够推动企业、产业结合自身情况，围绕国家战略、市场需求、未来方向等，更高效地开展仿制创新、集成创新、原始创新和颠覆式创新，推动企业创新体系、产业创新体系、国家创新系统构建，推动政产学研用金有机结合的创新生态体系建设。

有利于组织变革。产业互联网能够改变“大而全”“小而全”的传统生产方式，按照专业化分工要求，推动企业业务重组、业务外包、联盟、供应链合作等，实现大范围的智能生产、柔性生产、精益生产、大规模个性化定制等。

有利于形成新的经济增长点。中国是世界第一人口大国、网民大国，中国是全球最大的传统产业市场与最大的新兴经济体。尽管中国的消费者互联网发展迅速，但中国产业互联网发展尚处起步阶段。农业、工业和许多服务部门的数字化程度并不高，数字化工厂的比例仅为欧美的一半左右。装备设备的智能化远低于欧美，数据分析还处于追赶阶段，产业互联网平台更多侧重于应用。这种状况表明，无论是消费互联网还是产业互联网在中国均有极为广阔发展前景。作为一项庞大的系统工程，产业互联网的推进，将催生万亿美元的市场，为中国经济增长注入全新的动力。

从战略高度加快推动产业互联网发展

中国产业互联网发展应当放在世界新产业革命大潮中来谋划，从引领产业未来发展的战略高度来重点推进。在继续保持消费互联网领先的同时，中国要发力加快推进工业、服务业、农业领域的产业互联网发展。推进工业农业、商贸流通、科教文卫等领域与互联网、人工智能深度融合；支持互联网企业、信息通信技术企业赋能传统产业传统企业；推进产业互联网平台建设，打造数字化基础设施与“产业大脑”；推进传统产业群体广泛应用数字化技术、新工艺、新装备和新商业模式，提高生产流通与服务效率，降低生产流通及服务成本，增强市场反应力。支持中小企业应用新技术、新工艺。针对大量企业数字化程度较低的状况，推动其完成数字化“补课”。推动“互联网 + 智能 + 农业”“互联网 + 智能 + 工业”“互联网 + 智能 + 物流”“互联网 + 智能 + 交通”“互联网 + 智能 + 健康”“互联网 + 智能 + 教育”“互联网 + 智能 + 能源”“互联网 + 智能 + 应急”“互联网 + 智能 + 中小企业”等发展。推动互联网 + 物联网 +5G+ 人工智能等技术的深度集成，助力中国率先迈入万物智联新时代。

加快发展产业互联网，促进实体经济高质量发展

“实体经济是一国经济的立身之本、财富之源”，“经济发展任何时候都不能脱实向虚”[1]。当前，互联网、大数据、人工智能正加速与实体经济深度融合。作为融合的产物和载体，产业互联网为实体经济高质量发展提供了历史机遇和技术条件，将对实体经济产生全方位、深层次、革命性影响。

产业互联网是互联网发展的高级阶段，也是传统产业转型升级的必然要求

最近 20 年，我国消费互联网蓬勃发展，即时通信、社交网

原题《关于加快发展产业互联网促进实体经济高质量发展的建议》，系马化腾先生在2019年全国两会上提交的人大代表建议。

① 《习近平：高举新时代改革开放旗帜 把改革开放不断推向深入》，新华社，http://www.xinhuanet.com/politics/2018-10/25/c_1123614520.htm，2018年10月25日。

络、电子商务、移动支付、数字内容等业态不断推陈出新，涌现出了一批世界级的互联网公司，深刻改变了人们的生活方式和学习方式。随着“互联网 +”的纵深推进，互联网加速与农业、工业、建筑业和服务业的深度融合，传统产业日益成为使用互联网、发展互联网的重要主体，产业互联网踏步而来，必将深刻改变人们的生产方式。

产业互联网的内涵十分丰富，它是以企业为主要用户、以生产经营活动为关键内容、以提升效率和优化配置为核心主题的互联网应用和创新，是互联网深化发展的高级阶段，也是传统产业转型升级的必然要求。产业互联网和消费互联网相辅相成，互为条件和支撑，是一体之两翼、驱动之双轮。消费互联网是基础，没有消费互联网的支撑和助力，产业互联网就如同无本之木，无法成长为茂盛的森林。产业互联网是提升，没有产业互联网的升级和拓展，消费互联网就如同沙漠细流，永远不能到达辽阔的大海。

我国经济已由高速增长阶段转向高质量发展阶段。加快发展产业互联网，对实体经济高质量发展具有重要意义。“要推动产业数字化，利用互联网新技术新应用对传统产业进行全方位、全角度、全链条的改造，提高全要素生产率，释放数字对经济发展的放大、叠加、倍增作用。”[①] 加快发展产业互联网，是统筹推进制造强国和网络强国的战略举措，是发展数字经济、建设数字中国的有力支撑，对于激发微观主体

① 《习近平：敏锐抓住信息化发展历史机遇 自主创新推进网络强国建设》，新华社，http://politics.people.com.cn/n1/2018/0421/c1024-29941345.html，2018年4月21日。

活力、增强实体经济的创新力和竞争力具有重要意义。

作为“数字化助手”，互联网企业助力实体经济高质量发展

互联网的主战场正由上半场的消费互联网，向下半场的产业互联网演进。在消费互联网时代，互联网公司独领风骚；在产业互联网时代，传统企业将成为真正的主角。互联网公司不是与传统企业去赛跑竞争，而是作为它们的“数字化助手”，做好连接器、工具箱和生态共建者，帮助实体产业在各自的赛道上成长为世界冠军。

做好连接器，为各行各业进入数字世界提供最丰富的数字接口

连接是互联网的本质特征。消费互联网以人为中心，主要连接人与人、人与物、人与服务。产业互联网以企业为重点，将拓展延伸至连接机器设备、物资材料、工厂企业、产业行业，具有连接数量众多、行业应用广泛、流程再造全面的典型特征。

互联网企业是连接器，是实现数字世界和物理世界泛在互联、高度融通的纽带，为实体企业由物理世界迈进数字世界提供丰富的数字接口。互联网企业帮助打通线上线下，有效减少信息孤岛，激发市场活力，培育形成多样化、系统化、安全可

控的传统企业数字化转型方案。

做好工具箱，为各行各业数字化转型提供最完备的数字工具

通过连接器和数字接口，各行各业成功迈入数字世界的大门。在产业互联网的漫长征程中，还要有完备的数字工具。数字工具为实体经济数字化转型提供了技术条件，助力传统产业迈向数字化、网络化和智能化。

互联网企业是工具箱。例如，腾讯公司就可提供公众号、小程序、移动支付、社交广告、企业微信、“云大智”（云计算、大数据和人工智能），以及安全能力等七大数字工具。这些工具与传统企业的能力素质相结合、相配套，塑造出全新的数字竞争力，不断提高数字化生存能力。

做好生态共建者，与各行各业共建数字生态共同体

产业互联网不是一棵粗壮的大树，而是一片茂盛的森林。它是一个互相依存、开放合作的世界，不再羁于行业、地域等因素带来的条块分割，而是开始发生越来越多的关联融通。产业互联网让跨界地带产生丰富的创新空间，形成数字生态共同体。

互联网企业是生态共建者。作为深植产业互联网其中的一份子，互联网企业的命运与生态的命运、国家民族的命运紧紧不可分割。繁荣的产业互联网生态和高质量发展的实体经济，

是互联网企业健康长远发展的沃土。互联网企业通过提供数字接口和数字工具，激发每个参与者进行数字创新，携手共建数字生态共同体。

相关建议

大力发展产业互联网，推动产业数字化，对促进实体经济高质量发展具有重要意义，但也任重道远。我们要把握数字化、网络化、智能化融合发展的契机，深化供给侧结构性改革，推动互联网、大数据、人工智能与实体经济深度融合，推动资源要素向实体经济集聚、政策措施向实体经济倾斜、工作力量向实体经济加强，筑牢现代化经济体系的坚实基础。

大力推进信息基础设施建设，夯实产业互联网的发展基础

信息基础设施具有战略性、基础性、先导性和公共性的基本特征，对国民经济发展至关重要。它也是产业互联网蓬勃发展的重要基石。“宽带中国”战略的有效实施，使我国信息基础设施水平得到长足进展。新技术的应用，物联网的发展，对此提出了更高要求，高速、移动、安全、泛在的新一代信息基础设施建设亟须进一步加速。

建议积极鼓励社会力量参与，大力推动高速光纤宽带网络

跨越发展，推进超高速、大容量光传输技术应用，升级骨干传输网，提升高速传送、灵活调度和智能适配能力。加快 5G 和 IPv6 的全面商用部署，加速产业链成熟，加快应用创新。有效推动宽带网络提速降费，特别是大幅降低中小企业互联网专线接入资费水平。

促进云计算创新发展，加快实体经济数字化转型

云计算和大数据、人工智能密切相关、不离彼此，未来各行各业将在云端用人工智能处理大数据。云计算也是产业互联网发展的重要基础，是实现效率变革的关键。过去人们常说“插上电”，现在则是“接入云”。就像“用电量”在工业经济中的指标意义，“用云量”也将成为衡量数字经济的重要指标。云平台汇聚 IT 企业软硬件异构资源，通过弹性分配能力能够对各类企业的市场需求进行动态响应和快速交付，相对于传统的点对点服务模式，具有更大范围应用推广价值。

建议进一步促进云计算创新发展，推动企业稳妥有序实施上云。鼓励工业云、金融云、政务云、医疗云、教育云、交通云等各类云平台加快发展，打造具有国际水准的产业互联网平台，促进实体经济数字化转型，掌握未来发展的主动权。

立足长远，多措并举，切实实现关键核心技术的突破

“关键核心技术是国之重器，对推动我国经济高质量发展、

保障国家安全都具有十分重要的意义。”[①] 从互联网科技行业的实践来看，过去的创新往往是“应用需求找技术支持”，未来会有越来越多的创新来自“技术突破寻求产品落地”。腾讯公司近年不断加大对基础科学和前沿科技的投入，成立技术委员会，发起设立科学探索奖，尽可能为科研技术人员创造良好的工作氛围和团队文化，真正让科技创新和数字工匠精神成为更多人追求的方向。

建议充分发挥科学家和企业家的创新主体作用，进一步推进产学研用一体化，鼓励科研人员在科研院所和企业之间实现双向高效流动，提升科研人员的福利待遇，为科技创新营造良好的外部环境。切实提高我国关键核心技术创新能力，把科技发展主动权牢牢掌握在自己手里，为我国经济高质量发展提供有力科技保障。

做好产业互联网安全保障，建立多方协同联动的安全治理机制

产业互联网正在构建新的网络架构、技术体系和数据资源体系，开放的价值生态打破了传统产业的封闭性，促进了全社会资源要素的动态优化配置，同时也带来了更加复杂和多元的信息安全和网络安全形势。互联网企业一直将信息安全作为发展的生命线。腾讯公司成立了 7 个安全实验室，深入研究不同的安全领域，确保安全稳定运营海量数据。但应对产业互联网

① 《习近平：提高关键核心技术创新能力 为我国发展提供有力科技保障》，新华社，http://www.xinhuanet.com//politics/2018-07/13/c_1123123961.htm，2018年7月13日。

发展带来的新挑战，单靠任何一个主体都难以实现有效的安全治理。

建议充分调动政府、企业、服务机构等主体的积极性，各方共同参与，研究万物互联可能带来的风险与隐患，推动政企之间的安全信息共享，建立政府安全监管、市场安全服务、企业主体安全的协同联动机制。

坚持开放融通，积极开展国际交流合作，推动建设开放型世界经济

当前，世界经济正面临增长动能、发展方式、治理体系的深刻转变，保护主义、单边主义抬头，经济全球化遭遇波折。发展产业互联网、振兴实体经济，既要立足自身发展，充分发掘创新潜力，也要敞开大门，鼓励新技术、新知识传播，让创新造福更多国家和人民。“中国经济是一片大海，而不是一个小池塘。”完备的产业体系、完整的产业链条蕴含着最为丰富的产业互联网发展场景，这是其他国家不具备的独特优势。

建议坚持开放融通，积极开展国际交流合作，深入研究“新技术应用及其影响”，认真探索合作思路和举措，以更好引领和适应技术创新，为发展产业互联网、实现实体经济高质量发展、推动建设开放型世界经济做出中国智慧和中国方案。

第六篇

他山之石，海外举措

加快发展数字经济是全球共识，也是重要的国际议题。G20、OECD、APEC等国际组织持续开展数字经济相关主题的研讨，美国、英国和欧盟等国家和地区较早推进数字经济发展，是数字经济的先行者，为我们提供了值得借鉴的发展经验。

美国：数字经济的战略举措和政策体系

1998 年 1 月，美国副总统阿尔·戈尔首次提出“数字地球”的概念，在全球引发一场热潮；同年 7 月，美国商务部发布《浮现中的数字经济》报告。从此，美国政府正式揭开了数字经济大幕。二十年间，美国出台了一系列政策法规和相关举措，引领了数字技术发展潮流，成为当之无愧的数字经济领导者。

“信息高速公路”为数字经济腾飞奠定基础

20 世纪 90 年代，克林顿政府高度重视并大力推动信息基础设施建设和数字技术发展，引领世界进入数字时代。这与副总统戈尔有着莫大关系。戈尔在全球率先提出了著名的“信息

原题《美国数字经济战略举措和政策体系解读》，作者闫德利、高晓雨，发表于《中国信息化》，2018年第9期。

高速公路”和“数字地球”的概念。

20世纪80年代初期，在担任众议员期间，戈尔就呼吁建立一个全国性的“信息高速公路”。当选副总统后，戈尔一直是克林顿政府建设国家信息高速公路的核心人物。1993年9月，美国政府公布“国家信息基础设施行动计划”，信息高速公路战略开始落地。该文件开宗明义地指出：“国家信息基础设施的发展能够帮助引发一场信息革命，这场革命将永远改变人们的生活、工作和交流方式。”

20世纪50年代州际公路系统的建设，为美国半个世纪的繁荣奠定了坚实的基础。四十年后的信息高速公路可与之媲美，甚至更加伟大，它为美国数字经济插上了腾飞的翅膀。作为父子，艾伯特·戈尔和阿尔·戈尔分别在州际公路系统和信息高速公路中扮演了关键角色，留下一段父子佳话，为世人所铭记。

美国商务部构建完备的政策体系

美国商务部是信息高速公路建设的主要负责方和数字经济的主要推动者。近年把技术和互联网相关政策放在首要位置，发布多份重磅报告，出台《数字经济日程》，成立数字经济咨询委员会，投入多种资源应对数字经济的机遇和挑战。

重磅报告解读数字经济发展

自 1998 年以来，美国商务部就数字经济和数字国家发布了 13 份重磅报告，探讨数字经济发展的前沿和热点问题。如表 1 所示。

表1　　美国商务部出台的相关政策文件

序号	时间	名称	发布机构
1	1998 年	《浮现中的数字经济》	商务部
2	1999 年	《浮现中的数字经济（二）》	商务部
3	2000 年	《数字经济 2000》	商务部
4	2002 年	《数字经济 2002》	经济和统计管理局
5	2003 年	《数字经济 2003》	经济和统计管理局
6	2010 年 2 月	《数字国家：21 世纪美国通用互联网宽带接入进展》	国家电信和信息管理局
7	2010 年 11 月	《探索数字国家：美国家庭宽带互联网应用》	经济和统计管理局 国家电信和信息管理局
8	2011 年 2 月	《数字国家：扩大互联网使用》	国家电信和信息管理局
9	2011 年 11 月	《探索数字国家：计算机和互联网家庭应用》	经济和统计管理局 国家电信和信息管理局
10	2013 年 6 月	《探索数字国家：美国新兴在线体验》	国家电信和信息管理局 经济和统计管理局
11	2014 年 10 月	《探索数字国家：拥抱移动互联网》	国家电信和信息管理局
12	2016 年 6 月	《在数字经济中实现增长与创新》	商务部
13	2018 年 3 月	《数字经济的定义和衡量》	经济分析局

数据来源：腾讯研究院，2018年6月。

美国商务部是各国政府中数字经济的最早倡导者之一。从1998年到2003年的六年间除2001年外，商务部每年均发布年度数字经济报告，这对早期数字经济理念的普及起到非常大的推动作用。特别是1998年《浮现中的数字经济》在我国引起强烈反响，与尼古拉斯·尼葛洛庞帝的《数字化生存》一样，对我国早期从业者起到重要的启蒙作用。

2010年，美国商务部提出“数字国家”（Digital Nation）概念。在接下来的五年时间内，国家电信和信息管理局（NTIA）联合经济和统计管理局（ESA）连续发布6份“数字国家”报告，主要围绕基础设施、互联网、移动互联网等方面进行统计和分析。

随着数字技术与经济社会的深度融合，数字经济的内涵也日益丰富，其规模衡量也成为世界关注重点。2018年3月商务部经济分析局（BEA）发布工作文件《数字经济的定义和衡量》，对新时代人们认识和度量数字经济起到重要的促进作用。

数字经济日程

2015年11月，美国商务部发布《数字经济议程》，把发展数字经济作为实现繁荣和保持竞争力的关键。该议程主要聚焦四个方面。

一是自由开放的互联网。自由开放的全球互联网，将数据和服务的跨境流动壁垒限制在最小程度的互联网，是数字经济取得成功的关键。它可以使得企业更好地营销产品，增进与客户的联系，提升工人的技能。但这样一个开放的互联网目前正遭受跨境信息流动壁垒的威胁，如各国政府设置的数据本土化要求、平台监管以及安全政策等。

二是互联网信任和安全。如果企业和消费者不信任互联网的安全和隐私，那么数字经济将无法取得成功。美国企业需要一套能够增进全球信任的框架，以及对美国企业公平的国际规则。

三是互联网接入和技能。美国企业需要完善的宽带基础设施和熟练的劳动力。但美国的宽带基础设施布局不均，超过1/4的美国家庭还不能从家里上网。美国工人要想享受现代化的数字经济的成果，就必须掌握新的互联网技能和手段。

四是创新和新兴技术。技术革新的步伐有增无减，既带来机遇，又带来挑战。商务部致力于推动新技术，如自动驾驶汽车和无人机，在产品生命周期的早期就打破壁垒，解决好长期的政策问题。

数字经济咨询委员会

在2015年“数字经济议程”发布会上，商务部部长佩妮·普里茨克（Penny Pritzker）宣布成立数字经济咨询委员会（DEBA），旨在“为数字时代的经济增长和机遇提出建议”。2016年3月，商务部部长任命17名委员会成员，成员主要来自协会、科技巨头、科研院校和金融机构，每位成员任期两年。

自成立来，数字经济咨询委员会组织了多场专题研讨活动，就数字经济规模测算、就业、数字平台等问题提出了有针对性的政策建议。然而，因不满特朗普总统在夏洛茨维尔暴力事件中的言论，委员会成员纷纷辞职。据《计算机世界报》报道，截至 2017 年 8 月已有包括两名联席主席在内的 10 位成员辞职。联席主席 Mitchell Baker 在辞职信中说："我们的领导人必须明确地谴责偏执、种族主义、性别歧视、仇恨和暴力。"

数字贸易：高举自由贸易大旗

自特朗普就任总统以来，美国在传统商品和服务领域大打贸易战，与中国、欧盟、加拿大、墨西哥、土耳其等国家和地区的贸易摩擦不断。在传统领域，美国的贸易保护主义倾向明显，而在数字贸易领域美国举起自由贸易的大旗，努力破除所谓的"数字贸易壁垒"。

近年来，美国在全球积极推广其数字贸易规则。2016 年 7 月美国贸易代表办公室（USTR）成立数字贸易工作组（DTWG），以快速识别数字贸易壁垒，制定相应政策规则。从 2016 年开始，USTR 把数字贸易的主要障碍作为《国家贸易评估报告》的重要内容。根据 2018 年《国家贸易评估报告》，2018 年美国数字贸易的主要障碍来自中国、欧盟、印度尼西亚、韩国、尼日利亚、俄罗斯、泰国、土耳其、越南等 9 个国家和地区，共 15 项障碍。其中，中国最多，有 4 项；印度尼西亚次之，有 3 项。就数字贸易障碍而言，"对数据本地化的要求”涉及国家最多，共有中国、印度尼西亚、尼日利亚、俄罗斯、土耳其、越南 6 个国家。如表 2 所示。

表2　　2018年美国数字贸易的主要障碍

序号	国家 / 地区	内容
1	中国	对跨境数据流动的限制，对数据本地化的要求
2	中国	对专线和 VPN 的限制
3	中国	对云计算限制
4	中国	网络过滤和屏蔽
5	欧盟	成员国间的新闻聚集费用
6	印度尼西亚	对数据本地化的要求
7	印度尼西亚	互联网服务壁垒
8	印度尼西亚	数字产品关税
9	韩国	限制基于位置数据的跨境转移
10	尼日利亚	对数据本地化的要求
11	俄罗斯	对数据本地化的要求
12	泰国	网络拦截
13	土耳其	对数据本地化要求
14	越南	对在线广告的限制
15	越南	对数据本地化的要求

数据来源：根据USTR《国家贸易评估报告》整理。

商务部也是数字贸易的重要推动者，先后发布了《数字经济与跨境贸易：数字化交付服务的价值》（2014 年）和《北美数字贸易》（2018 年）等报告。商务部把维护美国的数字商业利益作为最优先考虑的一项议题。为此，2016年商务部部长佩尼·普里兹克宣布启动“数字专员”（Digital Attaché）项目，首批包括巴西、中国、印度、日本、东盟和欧盟6个市场。2017年12月该计划扩展到韩国、印度尼西亚、墨西哥、南非、德国和法国等六个新市场。

“数字专员”项目由商务部国际贸易局牵头，并与商务部的其他厅局、国务院的有关部门以及其他利益相关方共同实施，在美国驻12个市场的大使馆的办公室指定了一个“数字贸易官员”专家网络，以向美国企业提供支持和援助，帮助美国企业成功降低其在外国市场遭受的数字政策和监管问题所带来的不利影响，确保美国企业能够顺利参与全球数字经济，打开全球的数字经济市场。

建设数字政府，推进开放数据

在各国政府中，美国是最早采用电子政务术语的。1993年9月电子政务（Electronic Government）一词首次出现在政府文件《创造一个效率更高、成本更低的政府：从繁文缛节到结果导向》中。电子政务事业由克林顿政府开创，在布什政府得到进一步发展，奥巴马政府把建设重点转向“开放政府”（第一任期）和“开放数据”（第二任期），以更好服务民众。正如奥巴马在《数字政府战略》中所言：“我希望我们每天都问自己，我们怎么才能利用科技真正改变人们的生活。”

开放政府计划

美国是开放政府与开放数据的倡导者。2009 年 1 月，奥巴马在他的首个白宫工作日即签署了《透明与开放政府备忘录》，明确了政府公开工作中的三大原则，即透明、共享和协作。

5 月，联邦首席信息官委员会建立的数据门户网站 data.gov 上线。作为国家数据门户，data.gov 致力于整合各级政府部门、公共部门、自愿参与的企业以及其他国家政府的所有开放数据，使公众能够对政府数据资源进行高效的开发利用。同时，data.gov 也建立了民众向政府部门的反馈机制，以及 data.gov 向政府反馈的机制。这一方面对政府数据的开放工作提供了沟通渠道，另一方面也倒逼政府进一步挖掘自身资源，实现更全面的开放。

12 月，美国政府实施《开放政府指令》，对各级政府部门下达了具体的开放命令。

奥巴马在担任总统的第一年（2009 年）就把工作重点放在了开放政府方面，出台了一系列的举措，为电子政务发展奠定了坚实的基础。此后，美国持续推进，分别在 2011 年、2012 年、2014 年和 2016 年，白宫发布了 4 份《开放政府计划》。

开放数据

2013 年，奥巴马开启第二届总统任期。美国将电子政务的工作重点由开放政府转向开放数据。

2013 年 5 月，奥巴马总统签署执行令《把开放和可机读作为政府信息新的默认状态》，把“默认开放”作为开放数据工作的核心原则。

2013 年 6 月，奥巴马总统和其他七国集团（G7）领导人签署了开放数据宪章，提出默认开放数据、注重质量和数量、让所有人都可用、为改善治理发布数据、为创新而发布数据五个战略原则，以进一步规范和推进政府开放数据的发展。

2014 年 5 月，美国政府发布《美国开放数据行动计划》。该计划概述了美国政府在推动开放数据的工作中应承担的义务、所做的大量工作，提出“应主动承诺开放，并逐步开放数据资源”的原则。要求发布的数据应做到方便公众使用和查找，根据公众反馈不断完善开放的数据，使其更容易被使用和理解。同时，对未发布的数据应开放数据列表，供公众申请开放，由专家机构及相关领域代表确定发布的优先级别。

数字政府战略

除了开放政府和开放数据外，美国还加快建设数字政府。2012 年 5 月，美国白宫发布《数字政府战略》，要求政府机构“建立一个 21 世纪的平台，更好地服务美国人民”。

该战略提出了四大原则：以信息为中心、建设共享平台、以客户为中心、安全隐私平台。努力实现三大目标：（1）让民众随时随地利用任何设备获取高质量的数字政府信息和服务；（2）确保政府积极适应新的数字世界，抓住机遇，以智能、安全且经济的方式采购和管理设备、应用和数据；（3）开放政府数据，以促进国家创新，提高公共服务质量。

总　结

美国是数字革命的重要发源地，诞生了世界上第一台电子计算机和第一台个人电脑，发明了阿帕网，率先提出数字地球、人工智能、电子政务、电子商务、大数据、云计算、共享经济、工业互联网等理念，发现了摩尔定律，发展数字经济具有先天的技术和人才优势。加之高效的公共服务、前瞻的政策措施，确保了美国 20 年来的领先地位。近几年，跨境数据流动日益频繁，对政府监管智慧提出了更高要求；国际贸易政策的调整，使数字经济面临不确定性的挑战。未来亟须以开放、共享、包容的理念，推进数字经济创新发展。

英国：打造世界数字之都

英国是第一次工业革命的发源地，享有“现代工业的摇篮”“世界工厂”和“日不落帝国”之美誉，是19世纪最强大的国家，有着辉煌的历史和成就。第二次工业革命之后，英国被美国、德国等国家反超。数字革命浪潮来临，英国紧抓机遇，积极打造“世界数字之都”，再次走在了世界前列。时至今日，英国是欧洲数字经济的领头羊，是欧洲数字之都；电子政务发展领先世界，政府数据开放水平排名全球第一位。

两大国家数字战略

在2009年国际金融危机和2017年脱欧未决之际，英国分别发布《数字英国》和《英国数字战略》两大国家战略，把数

原题《数字英国：打造世界数字之都》，作者闫德利，发表于《新经济导刊》，2018年10月。

字化作为应对不确定性、重塑国家竞争力的重要举措。内阁办公室、商业创新和技能部（BIS）、数字文化传媒和体育部（DCMS）、教育部（DfE）、国际发展部（DFID）等部门纷纷推出相关战略，共同构成了英国的数字战略体系，充分体现了英国借数字革命重振雄风的伟大抱负。如表 1 所示。

表1 英国主要的数字战略（不含数字政府部分）

序号	时间	名称	发布机构
1	2009 年 6 月	数字英国	商业创新和技能部（BIS） 文化媒体和体育部（DCMS）
2	2010 年 4 月	2010 数字经济法	英国议会
3	2013 年 6 月	信息经济战略	英国政府
4	2015 年 2 月	数字经济战略（2015—2018）	创新英国（Innovate UK）
5	2017 年 3 月	英国数字战略	文化媒体和体育（DCMS）
6	2017 年 4 月	2017 数字经济法	王室
7	2017 年 10 月	数字技能合作伙伴	数字文化媒体和体育部（DCMS）
8	2018 年 1 月	数字宪章	数字文化媒体和体育部（DCMS）
9	2018 年 1 月	DFID 数字战略 2018—2020 年：在数字世界中保持发展	国际发展部（DFID）

资料来源：腾讯研究院，2018年6月。

2009，《数字英国》

为应对国际金融危机，防范经济受到重大冲击，2008 年 10

月英国启动“数字英国”战略项目。2009 年 6 月，商业创新和技能部（BIS）[①] 与文化媒体和体育部（DCMS）联合发布《数字英国》（Digital Britain）白皮书，8 月联合发布《数字英国实施计划》。英国希望通过改善基础设施、推广全民数字应用、提供更好的数字保护，促进经济的长期稳定发展。

《数字英国》诞生于国际金融危机时期，被寄予厚望。在发布会上，时任首相戈登·布朗把数字革命和工业革命相比较，他指出：“正如 19 世纪修建的桥梁、公路和铁路是工业革命的基础……现在对信息通信行业的投资可以使英国从经济衰退中迅速脱颖而出……并进一步巩固英国作为全球经济强国的地位。”布朗首相雄心勃勃地宣布：“英国将领导世界。成为世界数字之都，是英国迈向未来的下一步。”

2017，《英国数字战略》

2017 年 3 月，文化、媒体和体育部（DCMS）发布《英国数字战略》（UK Digital Strategy），对打造世界领先的数字经济和全面推进数字化转型作出全面而周密的部署，提出把数字部门的经济贡献值从 2015 年的 1180 亿英镑提高到 2025 年的 2000 亿英镑。在脱欧未决之际，英国推动数字战略再升级，体现了英国政府对数字革命的巨大期待和决心。

---

① 2016年7月，商业创新和技能部（BIS）、能源和气候变化部（DECC）合并成为：商业能源和工业战略部（Department for Business, Energy and Industrial Strategy，简称BEIS）。

《英国数字战略》有七大支柱。

一是连接战略，致力于打造世界级的数字基础设施，将宽带接入变成一项公民权利，加快推进网络全覆盖和全光纤、5G建设。

二是数字技能与包容性战略，大力推进全民数字素养和数字技能培训，为每个人提供所需的数字技能，为数字经济发展培育数字技能人才，弥补数字技能鸿沟。

三是数字经济战略，投入资金和政策，支持创新和数字创业，紧跟技术变革步伐，建立技术友好型的监管制度，促进数字经济增长和创新发展。

四是数字转型战略，英国政府将通过多种形式帮助、支持企业实现数字转型，提高生产效率。

五是网络空间战略，增强网络安全能力，投资和鼓励网络安全行业及人才培养输出，关注儿童网络安全。

六是数字政府战略，深入推进政府数字转型，打造平台型政府，更好地为民众提供公共服务。

七是数据经济战略，多种举措释放数据在英国经济中的潜力，同时加强数据保护和数据开放共享。

组织保障

数字战略的有效实施，离不开有力的组织保障。长期以来，文化、传媒和体育部（DCMS）是英国数字战略的主要推动者。近年来承担的数字化工作越来越多，甚至占到全部工作量的一半。因此，2017 年 7 月 DCMS 的名称中新加了数字部门，更名为数字、文化、传媒和体育部（Department for Digital, Culture, Media & Sport），简称仍是 DCMS。

为推进《英国数字战略》，确保政府和科技界的交流沟通，DCMS 成立了数字经济理事会和数字经济咨询组，成员包括政府官员、大学教授、科技企业负责人，秘书处均设于 DCMS 数字和技术政策局。

2017 年 7 月，数字经济理事会成立。现由数字、文化、传媒和体育大臣马特・汉考克担任主席，每季度举行一次会议。主要负责整体推动《数字英国战略》。

先前成立的数字经济咨询组，现由数字国务部长 Margot James 担任主席，每半年举行一次会议。主要负责支持科技部门和创业创新业务，应对脱欧后的挑战和机遇以及《数字宪章》（Digital Charter）等，定位更加具体。

数字经济：欧洲领头羊

英国是欧洲数字经济的领头羊。首都伦敦是全球著名的科技中心，根据澳大利亚咨询公司 2thinknow 发布的“全球创新城市”榜单，伦敦排名呈不断前进趋势，自 2015 年以来均居全球前二位。伦敦的国际化程度领先世界，全市科技公司有 33% 的客户来自于国外，超过硅谷的 30% 和北京的 7%。伦敦是继硅谷之后的全球第二大连接中心，世界 25% 的企业与伦敦本地至少两家企业建立了重要的业务联系[①]。

英国数字产业集聚效应十分突出，已形成雷丁和布拉克内尔、布里斯托尔和巴斯、曼彻斯特和伯明翰等数字产业集群，南安普敦、康沃尔和邓迪的新兴集群开始浮现。数字科技加速与各领域渗透融合，教育科技（EdTech）、金融科技（FinTech）、健康科技（HealthTech）等新业态走在世界前列。

数字经济发展取得的成绩与英国政府的大力推进不无关系。作为数字战略的核心，数字经济备受重视。英国在2013年和2015年分别发布的《信息经济战略》和《数字经济战略（2015—2018年）》，承上启下，把英国塑造成欧洲数字经济的领头羊。

2013，《信息经济战略》

2013年6月，英国政府发布《信息经济战略》（Information Economy Strategy），进一步提出繁荣信息经济，增强国家竞争力的愿景，对政府、企业和个体三方都提出发展目标。

- 建立一个强大的、创新的信息经济部门，向全世界出口卓越的产品和服务。
- 企业和组织（特别是中小企业）能够自如地使用信息技术、便捷地进行在线交易，并增加国内外市场的收入。
- 公民能够充分利用数字时代，并从优秀的数字服务中受益。

该战略从技术创新、集群发展、市场产业链、公众需求、

① 资料来源：Tech City, Tech Nation Report 2018。

人才教育以及其他专项建设等多个方面入手，明确了英国信息经济近年的发展方向。

2015，《数字经济战略（2015—2018）》

2015 年 2 月，英国技术战略委员会“创新英国”发布《数字经济战略（2015—2018 年）》，旨在通过数字化创新来驱动社会经济发展，促进企业采用信息通信技术进行创新，实现在创新技术背景下的跨行业合作，建立起新型供应链及商业模式，力图把英国建设成为数字化强国。

该战略明确了五大目标：鼓励企业进行数字化创新，建立以用户为中心的数字化社会，为数字化创新者提供帮助，促进基础设施、平台和生态系统的发展，确保数字经济创新发展的可持续性。

政府计划在 4 年时间内提供 1.2 亿英镑的扶持资金。其中，每年提供 1500 万英镑用以支持创新型商业项目，每年提供另外 1500 万英镑作为支持数字弹射中心（Digital Catapult Centre）、开放式数据研究所（Open Data Institute）以及英国科技城（Tech City UK）的核心资金。

数字经济法：发展与规范并重

英国在加快鼓励数字经济发展的同时，也十分注重通过立法来保障发展成果和公众的权益，早在 1998 年就颁布《数据保护法令 1998》。为落实《数字英国》战略，英国开启了数字经济立法。

2010数字经济法

根据《数字英国》中的建议，英国政府提交了《数字经济法草案》。历经数月讨论，2010 年 4 月英国议会通过《2010 数字经济法》。该法共 48 条、11 个主题，主要内容包括：通信办公室的职能、关于网络著作权侵权的规则、侵犯著作权和表演者权的处罚规则、域名注册规则、第四频道电视公司的职能、广播电视管理规则、电磁波使用管理规则、对 1984 年视频录制法案的修改、关于电子出版物公共借阅版税权的规则等。

《2010 数字经济法》补充了英国原有的《通信法》《著作权法》等内容，开启了全球数字经济立法的潮流。

2017数字经济法

2017 年 4 月，《2017 数字经济法》获得王室批准，取代《2010 数字经济法》。新法主要内容有：确定了网络服务商应该为消费者提供宽带的义务；保护儿童免受网络色情影响；打击盗版侵权行为；确定电子书纳入公共借阅法案的范围；保护公民不受垃圾邮件和搔扰电话的侵犯等。该法案针对发展数字经济中如何构建法律框架并明确监管机构职能等问题进行了规定，弥补了相关领域的法律空白，有利于减少数字经济发展的不确定性。

数字政府：全球领导者

英国是全球电子政务的领导者，先后颁布并实施2012年《政府数字战略》、2014年《政府数字包容战略》、2017年《政府转型战略（2017—2020）》（如表2所示），提出的默认数字化、数字包容、政府转型等理念影响深远，成效显著。英国政府在《2016联合国电子政务调查报告》和《2018联合国电子政务调查报告》中分获第一名和第四名，是全球表现最为卓越的数字政府之一。在万维网基金会发布的4份《全球数据开放排行榜》中，英国均居世界第一位。美国、澳大利亚、新西兰等国家均效仿英国成立相关顾问团队，新西兰和以色列政府的网络服务则使用了GOV.UK的源代码。

表2　　英国数字政府相关政策

序号	时间	文件	发布机构
1	2012年11月	《政府数字战略》	内阁办公室
2	2013年12月	《政府助力数字化路径》	内阁办公室 政府数字服务机构
3	2014年4月	《政府数字包容战略》	内阁办公室 政府数字服务机构
4	2017年2月	《政府转型战略（2017—2020）》	内阁办公室 政府数字服务机构

资料来源：腾讯研究院，2018年6月。

2012，《政府数字战略》

2012年11月，英国颁布《政府数字战略》(Government Digital Strategy)，并于2013年12月对该战略进行了升级和完善，其核心是使政府默认数字化（Digital by Default）。即把数字化作为政府提供公共服务的优先方式，也是默认选择。旨在为选择使用数字化渠道的民众提供条件，为无法使用数字化渠道的民众创造条件。通过默认数字化，政府每年可节省17亿～18亿英镑。

该战略制定了详细的实施路线图和主要考核指标，包括构建统一的数字化技术平台、提供应用接口、开放政府数据、帮助第三方机构创新业务服务方式等，鼓励用户通过统一门户网站GOV.UK访问政府业务，为用户提供更好的信息和服务内容。

2014，《政府数字包容战略》

“默认数字化”不仅为网民提供便捷快速的网络服务，还将帮助不上网的人获取公共服务。作为《政府数字战略》的一部分，《政府助力数字化路径》(Government approach to assisted digital）于2013年12月发布，以帮助那些不上网的人使用650多项中央政府的服务。

2014年4月，英国政府发布《政府数字包容战略》(Government Digital Inclusion strategy)，提出了10个行动计划，

以减少人们的上网障碍，让每个人都能获得他们需要的数字技能。

数字包容（digital inclusion），与数字鸿沟（digital divide）、数字素养（digital literacy）等概念密切相关，是当前国际关注的重点。《政府数字包容战略》认为，数字包容就是减少数字排斥（digital exclusion），是为了确保人们有能力使用互联网来做一些有益于他们日常工作的事情，无论使用者是个人、中小企业还是 VCSE 组织[①]。

定义数字包容通常考虑以下三个方面。

• 数字技能——有能力使用计算机和互联网。

• 连通性——准入互联网。人们需要准确无误的基础设施以便实现与互联网的连通。

• 普惠性——服务的设计应当以满足全部使用者的需求为原则，包括那些依赖于辅助科技获得数字服务的人们。

2017，《政府转型战略（2017—2020）》

“默认数字化”战略帮助英国成为全球数字政府的领导者，面对快速变化的技术和需求，政府数字化转型的要求日益迫切。因此，2017 年 2 月，英国出台了《政府转型战略（2017—2020）》（Government Transformation Strategy 2017 to 2020），提出了“政府利用数字服务，改变和公民的关系”的愿景。内阁

① VCSE组织是英国的一种表述方法，是指志愿者、社区和社会企业（voluntary, community and social enterprise）。

办公室部长本·古默（Ben Gummer）在该文件中提出“治理即服务”的理念。

该战略逐一列出了2020年之前英国政府转型需要达到的水平状态，制定了具体的工作计划措施，并对英国政府2020年以后的发展远景进行了展望，其目标和重点任务可概括为以下五方面。

第一，推动跨政府部门业务的整体转型。

第二，培养数字人才、技能和文化氛围。

第三，优化数字工具、流程和治理体系。

第四，提升数据应用、分析和管理能力。

第五，创建共享平台、组件和业务复用能力。

组织保障：倍受赞誉的GDS

为推进落实数字冠军（Digital Champion）玛莎·兰尼－福克斯[①]在独立报告《Directgov的2010和未来：是革命，不是进化》中的相关建议，英国政府于2011年4月组建“政府数字服务机构”（GDS），作为内阁办公室下设团队，来负责推动政府的数字化转型。政府数字服务机构（GDS）在推动数字政府建设中发挥了重要作用。时任首相戴维·卡梅伦在2015年盛赞GDS说：“我相信GDS的成立是上届议会最伟大的胜利之一。”

2016年2月，时任内阁办公室部长马特·汉考克宣布成立

---

① 数字冠军是欧盟委员会要求成员国设立的一个职位，玛莎·兰尼-福克斯是lastminute.com的联合创始人，于2009年被任命为英国首位数字冠军。

GDS 咨询委员会，以取代 2012 年 4 月成立的数字咨询委员会。GDS 咨询委员会主席由 GDS 负责人 Kevin Cunnington 担任，共 12 名成员。该委员会将就公共服务中应用新技术向政府提出建议。

结　语

英国对数字技术发展做出了重大贡献，涌现出了有“计算科学之父”和“人工智能之父”之称的艾伦·图灵、有“互联网之父”之称的蒂姆·伯纳·李等顶尖科学家，在数字科技史上占有重要地位。当前，英国借数字革命的东风，积极打造世界数字之都，取得了卓越成就。展望未来，脱欧阵痛之下，英国数字战略仍面临不确定性的挑战。

欧盟：建设数字单一市场

欧盟是欧洲一体化的产物，是欧洲国家的联合。欧盟数字化具有有别于单个国家的特征，也有理念上的重大差别。主要体现在两个方面：一是努力破除成员国之间的壁垒，建设数字单一市场；二是把规范摆到更突出的位置，在用户隐私和竞争政策方面进行严格的规制。

欧盟主要的数字政策如表 1 所示。

表1　　欧盟主要数字政策

序号	时间	名称
1	2000 年 6 月	《eEurope 2002 年行动计划》
2	2002 年 6 月	《eEurope 2005 行动计划》
3	2005 年	《i2010：欧洲信息社会 2010》
4	2010 年 5 月	《欧洲数字议程》
5	2015 年 5 月	《欧洲数字单一市场战略》
7	2017 年 12 月	《迈向数字贸易战略报告》
8	2018 年 3 月	《数字经济公平税收》
9	2018 年 5 月	《通用数据保护条例》

数据来源：腾讯研究院，2018年6月。

原题《欧盟：建设数字单一市场》，作者闫德利，发表于《中国信息化》，2019年第3期。

从信息社会到数字单一市场

欧盟委员会于2000年发布《里斯本战略》，于2010年发布《欧洲2020战略》，这是指导欧盟发展的两个十年纲领性文件。与之相对应，欧盟推出信息社会战略和数字单一市场战略，分别作为《里斯本战略》和《欧洲2020战略》的重要组成部分，以推动数字欧洲发展。

信息社会战略：eEurope、i2010

早在世纪之交，欧盟理事会就提出："世界经济正从工业社会迈向信息社会……然而欧洲走向数字时代的步伐还不够快。"为加快建设信息社会，欧盟先后出台eEurope和i2010战略。

eEurope战略在1999年启动。2000年6月，欧盟理事会发布《eEurope 2002年行动计划》（eEurope 2002 Action Plan），旨在使信息社会惠及所有欧洲人。2002年6月，欧盟理事会发布《eEurope 2005行动计划》（Action Plan for eEurope 2005），旨在将连接转化为生产力。

2005年，欧盟委员会通过《i2010：欧洲信息社会2010》（i2010：European Information Society 2010）的五年发展规划。它是新修订的《里斯本战略》的一部分，旨在完善欧盟现有的政策手段，推动数字经济的发展。

数字单一市场战略

eEurope 和 i2010 战略的实施，使欧盟信息社会取得长足进展。随着《欧洲数字议程》的发布，欧盟数字战略进入第二个十年，打造数字单一市场（Digital Single Market，简称 DSM）成为欧盟数字战略的首要目标。

《欧洲数字议程》是《欧洲 2020 战略》的七大旗舰计划之一，于 2010 年 5 月由欧盟委员会发布，目的是实现智慧化、可持续和包容性增长。《欧洲数字议程》分析了影响欧盟数字技术发展的七种障碍：数字市场间的堡垒、缺少互操作性、网络犯罪增加与风险、缺少投资、研发与创新不够、社会缺少数字技术知识普及、未能应对社会大挑战等。针对这些问题，欧盟提出了七个方面的优先行动：

- 建立一个新的数字市场，让数字时代的各种优势及时共享；
- 改进信息技术领域的标准与互操作性；
- 增强网络信任与安全措施；
- 增加欧盟对快速和超速互联网的接入；
- 加强信息技术的前沿研发与创新；
- 加强全体欧洲人的数字技能与可接入的在线服务；
- 释放信息技术服务社会的潜能，应对各种社会挑战。

建设数字单一市场是《欧洲数字日程》的最核心目标，位居欧盟委员会主席让－克洛德·容克十项优先工作中的第二位。

《欧洲数字单一市场战略》由欧盟委员会于2015年5月公布，以破除28个成员国之间的“制度围墙”，实现货物、人员、服务、资金和数据的自由流动，促进欧洲数字经济发展。欧盟委员会认为，数字单一市场每年将为欧盟带来4150亿欧元的收入，并增加大量就业机会。

《欧洲数字单一市场战略》明确了建立单一市场的三大支柱：

- 为消费者和企业提供更好的数字商品和服务；
- 为数字网络和服务的蓬勃发展创造合适的环境；
- 使欧洲数字经济的增长潜力最大化。

根据2017年5月欧盟委员会发布的数字单一市场战略中期评估报告，欧盟已实现了这份战略中提出的35项法律提案和政策倡议。为推进数字单一市场建设，欧盟委员会还发布了《走向繁荣的数据驱动型经济》《欧洲工业数字化》《欧洲网络平台与数字单一市场的机遇与挑战》《建立欧洲数据经济》等政策文件，如表2所示。

表2　　欧盟数字单一市场相关配套政策文件

序号	时间	文件
1	2014年7月	走向繁荣的数据驱动型经济
2	2016年4月	欧洲工业数字化
3	2016年5月	欧洲网络平台与数字单一市场的机遇与挑战
4	2017年1月	建立欧洲数据经济

数据来源：腾讯研究院，2018年6月。

呼吁出台数字贸易战略

近年，欧盟和美国积极争夺数字贸易的主动权。欧洲议会议员、欧洲数字议程小组创始人玛丽珍·沙克（Marietje Schaake）指出："自特朗普总统彻底改变了美国的政策方向以来，欧盟正在取代美国成为国际贸易规则的重要推动力量。我们已经做了很多工作，但在数字贸易规则方面仍然落后。"

2017年12月，沙克议员起草的《迈向数字贸易战略报告》获得欧洲议会高票通过。该报告呼吁尽快出台数字贸易战略，打击新形式的数字贸易保护主义，促进数字贸易的价值发挥。

报告就电子商务、网络中立、保护在线消费者等议题向欧委会提出了建议。报告称，欧盟应对数据贸易的国际规则和协定设立标准，确保第三国开放数字产品和服务，应让贸易规则为消费者创造有形的利益，促进数字贸易尊重消费者基本权利。报告认为，欧盟应增加给予贸易伙伴"充分性认证"的数量，呼吁欧盟加快在贸易协定中设立数据流动章节，禁止强制性要求数据本地化。

数字经济公平税收新规则

数字经济是一种新的经济形态，深刻改变了企业的价值创造方式，用户在价值创造中开始发挥重要作用。用户访问互联网，留下数据。企业利用算法作大数据分析，据此可投放广告、进行精准推送，从而获取利润。传统的税收规则是由企业实体所在地的税务部门向其征税，其他地区的用户尽管在此过程中创造了价值，但这些地区因没有该企业的“物理存在”而无法向其征税。这意味着，传统的税收规则在征税时不考虑用户对利润的贡献，不考虑用户的价值创造。

为了改变这种“利润不在用户所在地征税，而在算法的开发地征税”的规则，确保对数字经营活动以“公平和利于增长”的方式征税，欧盟委员会于 2018 年 3 月公布数字经济公平税收（Fair taxation of the digital economy）的新规则，提出两项数字税建议。

建议一：统一改革数字活动的税收规则

目前欧盟数字公司的实际税率只有 9.5%，而传统企业的税率达到 23.2%。该提议将使成员国对在其领土内创造的利润征税，即使公司在该成员国并无“物理存在”，确保在线企业像传统的实体公司一样缴纳相同水平的税收。

如果满足下列三个标准之一，数字平台将被认定为在成员国境内拥有应税的“数字存在”或“虚拟常设机构”：

- 在该欧盟成员国的年收入超过 700 万欧元；
- 一个纳税年度内在该成员国的用户超过 10 万个；
- 一个纳税年度内公司与用户签署的数字服务合同超过 3000 项。

建议二：对数字活动的某些收入征收临时税

征收临时税将确保那些还未有效征税的活动能给成员国带来即时收入。这有助于避免成员国对数字活动采取单边措施征税，避免损害欧盟的单一市场。

该临时税适用于用户在价值创造中发挥主要作用的活动所产生的收入，这些收入通过当前的税收规则难以获得，例如：

通过销售在线广告空间获得；

从数字中介活动中获得，这些活动允许用户之间进行互动，促进用户之间的商品和服务的销售；

通过销售由用户信息而产生的数据而获得。

临时税将由用户所在地的成员国征收，仅适用于全球年收入达到 7.5 亿欧元且在欧盟的收入达到 5000 万欧元的公司。因此，初创企业和小微企业将不受此税收的影响。如果税率按照 3% 计算，每年可为成员国创造 50 亿欧元的收入。

该税收规则出台后，Google、Amazon、Facebook、Apple 等大型科技公司首当其冲，受到的影响最大。于是，人们取四家公司的首字母，把该数字税称为“GAFA 税”。这四家数字巨头均是美国企业，美国强烈反对此方案。

欧盟委员会希望成员国在当年（2018 年）年底前能够同意第二个建议。税制改革需要 28 个成员国的一致同意，各成员国尚未达成一致意见。法国是该提案的强有力支持者，那些税率较低的小国则损失较大，爱尔兰、马耳他、卢森堡、瑞典、丹麦和芬兰等国家都公开反对该提案。而处于脱欧进程中的英国走在了前列，它计划从2020年4月开始实施“数字服务税”，征收对象为全球营收超过5亿英镑且盈利的搜索引擎、社交平台、在线市场等，按在英国收入的2%征收。

通用数据保护条例

2018年5月25日，欧盟《通用数据保护条例》（简称GDPR）正式生效。GDPR最初于2012年提出，2016年4月获得欧洲议会的批准，将用来取代1995年的《数据保护指令》。GDPR对个人信息的保护达到了前所未有的高度，被称为“史上最严格的数据保护法”，必将对全球数字经济产生深远影响。而更为严格的隐私法律——《电子隐私条例》，已于2017年秋天获得欧洲议会的批准，正由欧盟理事会进行审议。

GDPR的内容主要有以下几个方面的特点。

利用长臂管辖进行域外适用

法律是国家主权的体现，一般只在一国领土范围内发生效力，即属地原则。数字经济时代，跨境贸易蓬勃发展，数据的跨境流动十分频繁。传统的属地原则或许无法有效保护本国公民的权益和国家利益。GDPR将属地原则和属人原则结合起来，扩大法律适用的域外效力，不仅覆盖在欧盟有经营实体的企业，也适用于在欧盟境外从事与欧盟公民信息相关的企业。

属地原则。在欧盟境内设立数据控制或处理机构，不管其对个人数据处理的行为是否发生在欧盟境内，都受 GDPR 的约束。

属人原则。在欧盟境内没有数据控制或处理机构，但向欧盟内的数据主体提供商品或服务（不管是否收费），或对数据主体发生在欧盟内的行为进行监控，也受 GDPR 的约束。

赋予数据主体一系列强大的权利

GDPR 赋予了数据主体同意权、访问权、纠正权、被遗忘权、数据可携带权、拒绝权、获得救济权等多项权利；并增设了企业的自动化决策限制和制度规范要求，相关主体权利极大地增加了企业合规成本。其中，与我国《网络安全法》区别最大的有三项权利，分别是“可遗忘权”“数据的可携带性”和“针对算法的自动决策”。

首先，关于个人信息的可遗忘权，要求企业在系统或组织内，根据欧洲公民的需求，把个人信息通过技术手段来实现“忘掉”。这个“忘掉”不一定是物理上删除，也可以通过去标识化、去匿名化等手段，保证用户在行使权力的时候，感受到自己隐私的痕迹不会被使用和暴露。

其次，数据的可携带性要求企业必须把其平台上和用户个人信息相关的所有数据打包，按照可读的方式提供给用户，通过这种方式告诉用户企业在平台上搜集和存储了用户的哪些个人信息。

最后，利用算法来进行自动决策，实际上是赋予了欧洲公民可以拒绝企业利用搜集到的个人信息来进行自动判断和决策的权利。这种拒绝权利可能会导致企业不能利用个性化的个人信息和行为来进行客户画像和自动推荐等。

惩罚力度空前提高

根据企业的违法程度，GDPR 设定两个等级的处罚标准。

第一等级：最高罚款 1000 万欧元，或上一财年全球营业额的 2%，择金额较高者罚之。

第二等级：最高罚款 2000 万欧元，或上一财年全球营业额的 4%，择金额较高者罚之。

要求加强组织建设

欧盟层面须设立数据保护委员会，用于处理涉及跨成员国的企业违规案件；欧盟成员国将分别成立数据保护局，对企业的商业行为进行监管；企业必须任命数据保护官确保企业行为合规。

欧盟数字战略面临诸多挑战

近两年欧盟经济持续向好，2017 年欧盟 28 国、欧元区的

GDP 增速均为 2.5%，创下国际金融危机以来的最高增速。2018 年预计仍将保持 2% 左右的增速，这为数字单一市场的建设提供了有利条件。欧盟发展也面临诸多经济社会问题：难民危机持续冲击，恐怖袭击此起彼伏，债务危机阴霾未散，民粹主义思潮泛滥，英国脱欧重创一体化。各成员国忙于应对各种事关存亡的“疑难急症”，落实雄心勃勃的数字经济规划面临挑战。

相较于其他国家和地区，欧盟实施严格的规制，在反垄断问题上“过度”，在人工智能伦理问题上“超前”，在隐私保护问题上“过严”。自 2016 年以来，欧盟就先后以税收或反垄断之名，向苹果、谷歌、亚马逊、高通等数字科技公司分别开出 130 亿、67.6 亿、2.5 亿和 9.97 亿欧元的巨额罚款。如表 3 所示。

表3　　近年欧盟处罚的大型数字科技公司

时间	处罚公司	罚款金额（亿欧元）	处罚原因
2016 年 8 月	苹果	130	要求爱尔兰向苹果追回 2003 ~ 2014 年所欠的约 130 亿欧元未付税款
2017 年 6 月	谷歌	24.2	在搜索结果中偏袒自家的谷歌购物，在竞价购物服务领域滥用市场竞争地位
2017 年 10 月	亚马逊	2.5	因卢森堡给予了亚马逊非法税收优惠，亚马逊近四分之三的利润没有被课税
2018 年 1 月	高通	9.97	高通滥用市场主导地位，通过向苹果公司付费的形式来换取苹果在其智能手机和平板电脑中独家使用高通的芯片
2018 年 7 月	谷歌	43.4	安卓移动操作系统滥用主导地位

资料来源：腾讯研究院，2018年7月。

对此等问题，业界尚无定论。但过严的规制必将束缚创新，阻碍数字经济的发展壮大。世界各国都在“发展”和“规范”之间进行取舍，努力找到最佳平衡点，而欧盟则在“规范”方面最为严格，把保护个人隐私和利益放在更加重要的位置，并努力突破传统的税收机制。

第七篇

秉持科技向善，积极应对数字经济挑战

数字经济发展迎来重大机遇，同时也带来一些挑战。“我们要鼓励创新，促进数字经济和实体经济深度融合，同时关注新技术应用带来的风险挑战，加强制度和法律体系建设，重视教育和就业培训。”[①] 数字技术发展要以人民为中心，展现科技向善的力量，更好满足人类需要，努力提高人类福祉。

① 习近平：《登高望远，牢牢把握世界经济正确方向——在二十国集团领导人峰会第一阶段会议上的发言》，2018年12月1日《人民日报》。

科技向善：新技术应用及其影响

技术进步是经济长期持续增长的源泉。“纵观工业革命以来的世界历史，每一次科学技术的大飞跃都推动了经济社会的大发展”，产生了极为深远的影响。为更好引领和适应技术创新，“建议二十国集团将‘新技术应用及其影响’作为一项重点工作深入研究，认真探索合作思路和举措”。[①]坚持科技向善的理念，深入研究新技术应用及其影响，对于不断满足人民日益增长的美好生活需要，促进社会公平正义，构建人类命运共同体具有重要意义。

原题《科技向善：新技术应用及其影响》，作者闫德利，发表于《科技中国》，2019年第5期。

① 习近平：《登高望远，牢牢把握世界经济正确方向——在二十国集团领导人峰会第一阶段会议上的发言》，2018年12月1日《人民日报》。

技术进步是人类社会不断前进的不竭动力

在人类发展史上，蒸汽机、电力、计算机三大技术的发明和应用，分别推动了三次产业革命，促进了社会大发展、人类大进步。英国历史学家伊恩·莫里斯在《西方将主宰多久》中指出："蒸汽机使得整个世界早期发展历史的所有剧本都显得拙劣无比。"马克思、恩格斯也指出："资产阶级在它的不到一百年的阶级统治中所创造的生产力，比过去一切时代创造的全部生产力还要多，还要大。"寥寥数语，却生动鲜活地说明了蒸汽机技术及由其引发的工业革命，对人类社会发展的巨大推动作用。

中国特色社会主义已进入新时代。"我们正处在新一轮科技革命和产业变革蓄势待发的时期，以互联网、大数据、人工智能为代表的新一代信息技术日新月异。"[①] 新一代信息技术成为新的通用目的技术，消费互联网如火如荼，产业互联网孕育兴起，各行各业开始在云端用人工智能处理大数据，物理世界和数字世界加速融合，以智能化为标志的第四次产业革命正在到来。这次革命势必带来生产力又一次质的飞跃，对国际政治、经济、文化、社会、生态、军事等领域发展产生深刻影响。

---

① 《习近平向首届中国国际智能产业博览会致贺信》，新华社，http://www.xinhuanet.com/politics/2018-08/23/c_1123313966.htm，2018年8年23日。

向上向善是新技术应用及其影响的价值尺度

任何事物都有两面性，有利有弊。技术进步的重要作用和巨大价值，已无需赘述，但在解放生产力、发展生产力的过程中，不可避免产生一些问题，引发人们的担忧。例如，二百多年前的工业革命推动人类迈入现代文明社会，历史作用不言而喻。但也随之带来了贫富差距、非法雇佣童工、环境污染、“城市病”等危害公平正义、破坏生态家园的问题。

对技术进步，我们要兴利除弊。时至今日，人们的公共治理能力、危机处理能力已得到极大提高，不可与工业革命时期同日而语。然而，新技术应用及其影响范围广泛、机理复杂，加之技术本身不断发展进化，如何有效应对新技术应用带来的风险挑战仍是一项重要课题。这迫切要求我们常怀敬畏之心，秉承科技向善的理念，加强对新技术客观规律的深入研究和认真探讨，才能充分促进新技术正向价值的发挥，预防减少新技术带来的负面影响，使技术发展成果更多更公平惠及全体人民。

向上向善，是中华民族宝贵的精神财富，也是新技术应用及其影响的价值尺度。向上即进取，意味着奋发向上、追求进步，是向善的前提和基础。向善即崇德，意味着明德惟馨、择善而从，是向上的动力源泉和崇高境界。新技术应用，使人们认识世界、改造世界的能力不断增强，是解放生产力、发展生产力的有效手段，是经济社会“向上向前”发展的不竭动力。

“向善向好”的新技术影响，是新技术应用的具体体现和标志，是人们对美好生活的向往，是对构建人类命运共同体的期待。

向上是一种能力；向善是一种选择，是更加可贵的品质。“我们既要鼓励创新，促进数字经济和实体经济深度融合，也要关注新技术应用带来的风险挑战，加强制度和法律体系建设，重视教育和就业培训。”[①] 我们要大力发展新一代信息技术，积极培育新动能，推动经济社会向前发展；也要坚持科技向善理念，避免“技术的贪欲”，让技术更有温度，使人民获得感、幸福感、安全感更加充实、更有保障、更可持续。

建议的研究方向

我们要以新发展理念为指引，坚持科技向善理念，深入研究新技术应用及其影响，重点探讨新技术背景下的就业、国民收入核算、弱势群体保护、法律伦理、国际合作和治理等问题，不断满足人民日益增长的美好生活需要，构建人类命运共同体。

深入研究新技术对就业的影响，切实保障民生

就业是最大的民生，也是经济发展的重中之重。技术进步

---

① 习近平：《登高望远，牢牢把握世界经济正确方向——在二十国集团领导人峰会第一阶段会议上的发言》，2018年12月1日《人民日报》。

对就业具有双重影响，它会带来新的工作机会，也会替代一些原有岗位，带来所谓的“技术性失业”。每次技术变革都会引发人们对就业问题的激烈争论，技术进步所带来的纠结在历史上不胜枚举。人类过往的实践表明，技术进步并没有导致长期的大规模失业，它带来的新增就业机会要远多于其替代的就业机会，技术革命中的失业工人最终都找到了工作，但也经历了混乱和痛苦的调整过程。而且新技术对各类人群影响不一。因此，人们对就业问题的担忧仍然存在。

当前，以人工智能为代表的新一代信息技术蓬勃发展，也引发了人们对就业问题的争论和担忧。信息技术对就业影响的内部机制非常复杂，分享经济所催生的大量灵活就业给就业统计和社会保障工作带来了挑战。建议就新技术对就业的影响进行深入研究，扎实做好就业再培训工作，保障就业，改善民生，助力做好“稳就业”工作。

深入研究新技术对国民收入核算的影响，完善数字经济时代的统计体系

GDP（国内生产总值）被誉为“20 世纪伟大的发明之一”，是针对工业经济设计的用来指导宏观经济运行和进行宏观调控的最佳指标。然而，在数字经济时代 GDP 则力不从心。我们亟须研究新技术对国民收入核算的影响，完善数字经济时代的国民统计体系。

由于 GDP 仅以市场价格记录交易，它完全无视人们可能

获得的免费服务。互联网上的各种免费服务触手可及，但不被统计。近年兴起的自助服务也一样，如银行 ATM 机、自助点餐、无人超市等，它使消费者变成“生产者”，但其价值不被核算。另外，技术进步和创新挑战价格统计，分享经济也给 GDP 统计方法带来挑战。

提高数字素养，加强对未成年人等弱势群体的关爱和保护

尊老爱幼是中华民族的传统美德。在数字时代，未成年人、老年人、残障人士等弱势群体更需要社会的关爱和保护。建议着力提升人们的数字素养，提高数字化生存能力。这单凭任何一家机构都难以实现，需要政府、科研院所、企业、社会组织和家庭共同努力，以发展的眼光认真解决发展中遇到的问题，切实保障未成年人健康成长，保障老年人和残障人士共享数字红利。

未成年人是祖国的未来和希望。但未成年人自控能力差，容易沉溺于网络，需要社会各界携手予以解决和防范。例如腾讯公司积极推进各项未成年人保护工作，形成了事前、事中、事后的未成年人网络保护体系，采取了史上最严措施，引入金融级人脸识别技术，探索出一条“技术化治理”的路径，取得了积极效果。秉持科技向善的理念，腾讯一直在努力让所有人能平等、方便、无障碍地获取并利用信息，多款产品已针对残障用户进行优化，成为全球首家获得联合国教科文组织“数字

技术增强残疾人权能奖”的企业。

深入研究新技术对法律伦理的影响，共建人类美好未来

基因编辑、克隆、生物技术和人工智能等新技术，对法律伦理的挑战较多。扩大新技术研发和应用的透明度和问责制，对于使技术进步符合普遍价值、伦理和道德至关重要。人类社会需要在其发展的所有阶段积极主动地考虑新技术的伦理道德、法律体系和社会影响，而不是采取自由放任的做法和事后应对挑战。建议政府、企业、学术界和民间社会相互合作，促进指导研究和创新的伦理道德标准以及法律体系。

“人工智能是引领这一轮科技革命和产业变革的战略性技术。”① 为使人工智能发展符合人类伦理道德，马化腾在 2018 世界人工智能大会上提出了“四可”原则，即可知、可控、可用和可靠。腾讯公司积极促进人工智能正向价值的发挥，重点打造“救命的 AI”，腾讯觅影是首款将人工智能技术运用在医学领域的产品，它能够辅助医生筛查食管癌、肺结节、糖尿病视网膜病变、结直肠肿瘤、乳腺癌等疾病，是医生的“数字化助手”。基于人脸识别技术，腾讯优图实验室联合福建省公安厅打造“牵挂你”防走失平台，上线 14 个月已成功找回 681 人。人工智能朝着向善方向大步向前。

---

① 《习近平主持中共中央政治局第九次集体学习并讲话》，新华社，http://www.gov.cn/xinwen/2018-10/31/content_5336251.htm，2018年10月31日。

深入研究新技术对国际合作和治理的影响，构建人类命运共同体

经济全球化是不可逆转的历史大势。新技术应用及其影响是全球化的浪潮，不是某个国家关起门就可以独自搞的。推进新技术国际合作和治理体系变革是大势所趋、人心所向。应该坚持多边参与、多方参与，需要各国政府、国际组织、企业、技术社群、民间机构、公民个人等各种主体共同携手努力。我们要认真研究新技术对国际合作和治理的影响，深度参与全球科技合作和治理，主动布局和积极利用国际创新资源，共同应对人类共同挑战，推动全球范围平衡发展，贡献中国智慧，推动构建人类命运共同体。

数字技术对就业的影响分析

技术是增长之源，就业是民生之本。技术进步对就业具有双重影响，它不仅带来新的工作机会，改善人们的生活，也会替代一些原有岗位，带来“技术性失业”。1930 年，英国伟大的经济学家凯恩斯在《我们后代的经济前景》中指出：“一种新的疾病在折磨我们，某些读者也许还没有听说过它的名称，不过在今后几年内将听得不想再听，这种病叫作‘技术进步导致的失业’。”

人们对技术进步又爱又恨，技术进步所带来的纠结在历史上不胜枚举。公元 1 世纪，罗马皇帝韦巴芗拒绝采用新机器运输神庙石柱，因为这会抢了工人的饭碗。18 世纪工业革命后，英国工人为夺回被机器代替的工作岗位，开始捣毁机器，发泄愤怒，掀起“卢德运动”。

技术对人工的取代会让人有这样的直觉——未来人们将会

原题《数字技术如何影响就业？》，作者闫德利、戴建军，发表于《新经济导刊》，2018年9月。

有更多的闲暇时间。美国政治家、物理学家、头像被印在100美元钞票上的本杰明·富兰克林曾经预言："终有一天，人们每天只需工作四小时就足够。"卡尔·马克思也同样期待有一天每个人都能够"上午狩猎，下午捕鱼，傍晚养牛，晚餐后进行评论……即使这个人不是猎人、渔夫、牧人或者评论家。"凯恩斯认为，到2030年人类每周只需工作15个小时，如何利用大量的空闲时间将成为人类所面临的前所未有的最大挑战。

尽管过往社会经济发展的实践表明，技术进步带来的新增就业机会要远多于其替代的就业机会，但人们对技术进步对就业影响的"两难"问题的争论一直存在，尤其是遇到新的技术革命的时候。当前，数字技术正在引发新一轮的技术革命。由于数字技术本身具有一系列不同于以往技术的特点，如能够替代智力劳动，使得数字技术对就业影响的内部机制更加复杂。总的来说，主要体现在以下几个方面。

数字技术影响就业的新特点

历次技术变革对就业的影响大致如下，技术进步会节约劳动力，最初可能会对就业产生消极影响；随着技术加速增长产生的乘数效应，最终会创造新的就业机会。尽管技术进步对就业的整体影响是积极的，但由于这一过程需要较长时间，且对各类人群影响不一，因而人们对技术性失业的担忧一直存在。虽然技术进步并没有导致长期的大规模失业，技术革命中的失业工人最终都找到了工作，但它们也都经历了混乱和痛苦的调整过程。

与历次技术革命相比，数字技术对就业的影响具有如下三个新的特点，使得人们对其更加担忧。

一是数字技术的就业门槛较高。数字化过程中失业的工人，在不经重新培训和学习的情况下，难以胜任新产生的岗位。现存的许多工作岗位都很可能被自动化、软件、人工智能和机器人取代，被取代的工人不一定能满足新兴就业岗位的需求。2016 年一项对 42000 名雇主进行的调查中，40% 的受访者表示，他们很难填补那些需要有技能的贸易、IT、销售、工程和技术岗位的空缺。

二是数字技术的发展速度更快，技术的快速发展变革加剧了技能不匹配的风险。

三是数字技术革命不仅会严重影响劳动密集型的制造业，还将影响传统意义上的高技能服务业，如法律、金融服务、教育和医疗等行业。多个经济部门都将受到影响，这会使得吸收失业人员变得更加困难。

数字技术促进就业和包容发展

数字技术的广泛应用无疑会创造出新的就业岗位和职业类型，尤其是在数据分析、软件和应用程序开发、网络和人工智能、智能机器生产、机器人和 3D 打印等领域。例如，随着物联网的使用越来越多，公司需要雇佣更多的产品经理、软件开发人员、硬件设计师、数据科学家、用户体验设计师和销售经理。采用新技术有助于节约劳动力，但也会以新的方式扩大工作范围。例如，降低医疗成本会增加对更复杂医疗服务的需求，银行服务的自动化会导致对更个性化的“定制银行”服务相关岗位的需求。

数字技术拉动就业作用十分显著。中国信息通信研究院的测算表明，2017 年我国数字经济领域就业人数达到 1.71 亿人，占当年总就业人数的比重为 22.1%，同比提升 2.5 个百分点。数字经济新增就业作用正在不断加强，数字经济新增就业人数由 2012 年的 215 万人增加至 2017 年的 552 万人，占当年新增就业比例由 17.0% 提高至 40.9%。数字经济每 100 个就业人口中，72 个为升级原有就业，28 个为新增就业岗位。

数字技术降低交易成本，为难以找到工作或生产性投入的人带来更多机会，女性、残障人士和边远居民都能受益，促进包容发展。从就业方式来说，就业者可以摆脱时间和空间束缚，获得更大自由。就业场所可能不再是工厂企业，而是虚拟网络组织；就业组织形式也可能不再是项目制团队、合伙人制，而是自由职业的形式，人的个体价值被更自由地激发、流动和共享。

数字技术提高人们的收入水平

作为一种先进生产力，数字技术的赋能效应、倍增效应十分显著。数字技术领域从业人员具有更高的收入水平。2016 年，美国数字经济领域每位雇员的平均年薪高达 11.4 万美元，是全美平均薪酬的 1.7 倍①。英国数字技术部门就业人数在 2014 年至 2017 年增长了 13.2%。数字技术越密集的工作岗位，其薪酬水平就越高。英国纯数字技术工作岗位的平均年薪为 42578 英镑，不需要数字技术的岗位平均为 32477 英镑，需要一部分数字技术的工作岗位为 35277 英镑②。

从另一个角度看，数字技术会拉大整个社会的收入水平差距，造成贫富分化。数字经济时代，数字素养是每位公民的基本素质要求。那些不掌握数字技能的人，可能会面临更加严峻的就业前景，尽管会比以往获得更高的物质收入，但相对于数字人才会变得更加贫困。

数字技术淘汰落后就业岗位

数字技术进步将推动传统产业转型升级，接管一部分原本由人执行的工作，带来就业市场的变化，给一部分人带来阵痛。现在尚无法计算由于数字化所削减的工作岗位的具体数量，这取决于技术发展、国家经济状况、作用时间、政策作用等各方

---

① 数据来源：美国商务部经济分析局（BEA）。链接：https：//blog.bea.gov/2018/03/15/initial-estimates-show-digital-economy-accounted-for-6-5-percent-of-gdp-in-2016/。

② 数据来源：Tech Nation Report 2018。

面因素的影响。

数字技术对各行业就业的影响大小也不同，与行业特点有关。据 Frey 和 Osborne 估算（2017），美国将有 47% 的工作受到影响；印度尼西亚和菲律宾将有超过 85% 的零售工人被自动化销售替代[①]；东南亚的纺织、服装和鞋类行业中，受失业威胁的工人比例也非常高。

麦肯锡在 2017 年发布的研究报告《未来的工作——自动化、就业和生产力》中提出，中国、印度、日本和美国这四大经济体将有 2/3 的雇员会被自动化取代，技术可行性、开发和部署解决方案的成本、劳动力市场动态、经济效益、监管和社会接受度等五个关键因素将影响自动化普及速度和程度。

莫拉维克悖论：数字技术之所短

当然，机器替代人工也有限制。卡耐基梅隆大学机器人研究所教授汉斯·莫拉维克指出："让计算机在智力测试或者下棋中展现出一个成年人的水平是相对容易的，但是要让计算机有如一岁小孩般的感知和行动能力却是相当困难甚至是不可能的。"这便是在人工智能和机器人领域著名的莫拉维克悖论（Moravec's paradox）。

莫拉维克悖论指出：和传统假设不同，对计算机而言，实

① 数据来源：联合国贸易和发展会议（UNCTAD），2017年信息经济报告。

现逻辑推理等一些人类高阶智慧只需要相对很少的计算能力，而实现感知、运动等无意识的技能和直觉却需要巨大的计算资源。正如认知科学家史蒂芬·平克在《语言本能》一书中所说：“困难的问题易解，简单的问题难解。”平克指出：“当新一代的智能设备出现的时候，股票分析师、石油工程师和假释委员会成员的工作机会将最有可能被机器代替。但园艺师、接待员和厨师在未来几十年内丝毫不用为自己的工作机会操心。”

几十年来，机器人和人工智能虽然在专项智能上已经达到了很高的水平，但在看似简单的与真实物理世界交互的能力依然非常差。与机器相比，人类拥有巨大的灵活性优势。人们很难制造出在技能方面能与笨拙的工人相提并论的机器。美国著名出版家和作家阿尔伯·哈伯德曾指出：“一台机器可以做 50 个普通工人的工作，却没有任何机器可以做一个拥有特殊技能的人的工作。”因此，未来不是“机器换人”，而是“人机协作”，机器作为人类的工作伙伴、工作助手，共同协作把工作完成。

总之，尽管数字技术对就业影响的内部机制非常复杂，但事实证明，历史上技术进步对就业的净增长效应并没有失效，多数人都会有工作，人们也比以往过得更好。社会学家所预言的“劳动的终结”和“闲暇革命”不仅没有到来，人们反而事务缠身、越来越忙，当然，可选择的余地也越来越多。

数字经济发展挑战 GDP 核算体系

农业经济时代，人们用人口数量衡量经济社会发展水平；工业经济时代，特别是二战之后，GDP 成为衡量发展的核心指标。GDP 被誉为“20 世纪最伟大的发明之一”（保罗·萨缪尔森，威廉·诺德豪斯），其历史贡献和重要性毋庸置疑。当前，工业经济加速向数字经济过渡。GDP 是针对工业经济设计的最佳指标，在数字经济时代则力不从心。

免费：原先需要付费的产品和服务变成免费提供

由于 GDP 仅以市场价格记录交易，它完全无视人们可能获得的免费服务。谷歌首席经济学家、加州大学伯克利分校名誉教授哈尔·范里安（Hal Varian）曾指出：“GDP 难以处理免

原题《数字经济发展挑战GDP核算体系》，作者闫德利，发表于《互联网天地》，2018年第6期。

费问题。”并敦促政府研究衡量经济增长和福利的其他方法。

数字经济时代，免费的服务触手可及。电子邮件、网络新闻、搜索引擎、即时通信、在线音乐、网络视频等数字服务的边际成本为零，用户往往无需额外支付费用就可以使用，这部分价值难以纳入 GDP 核算中。谷歌、Facebook、百度等互联网公司在 GDP 核算中的价值仅在于它们所销售的广告，对人类的重要贡献远未得到体现。

在流媒体崛起前，最痴迷的音乐爱好者哪怕有一个堆满磁带、CD 和立体声唱片的独立房间，他所拥有的歌曲数量也只能占到当今一个孩子通过 QQ 音乐所免费获得的千万曲库中的一小部分。数字经济使每个人欣赏更多的音乐，变得更加富有。而音乐的市场规模则在下降，美国的音乐支出从 1999 年的 209 亿美元下降到 2016 年的 75.7 亿美元[①]。从 GDP 角度，流媒体音乐的兴起反而使人们变得贫穷。实际上，音乐的价值没有改变，改变的只是价格。

自助服务：使消费者变成“生产者”，其价值不被核算

数字经济时代，消费活动可以变成免费的，自助服务也可以使生产活动在一定程度上变成免费，这部分价值就不在 GDP

① 数据来源：The trouble with GDP。链接：https：//capx.co/the-trouble-with-gdp/

中体现。

当前自助服务日益盛行，如银行 ATM 机、自助点餐、无人超市、在线预订机票和酒店等。人们在接受服务的过程中也直接参与了生产经营活动，成为“生产者”。这部分由消费者创造的价值原本是由服务提供方全部负责并计入 GDP 核算，变成自助服务后就不再计入。自助服务使市场活动变成了非市场活动，减少了 GDP 的核算内容。

技术进步和创新对价格统计是一种挑战

价格是 GDP 核算的灵魂。数字技术的进步和创新主要从三个方面挑战价格统计。

一是对不变价 GDP 核算带来挑战。创新和技术进步促使相当一部分产品功能不断增强，质量不断提升，但是价格却不断下降。网吧、个人电脑、智能手机就体现得非常明显。苹果公司每发布新一代的智能手机，其性能都会得到极大提升，而价格却相对稳定。2011 年美国人花费 749 美元就可购买一部 iPhone 4S（32GB），2017 年则可以花费更低的价格（699 美元）购买一部性能更加强大的 iPhone 8（64GB）。这种情况不仅对价格指数编制是挑战，对不变价 GDP 核算也是一种挑战。国家统计局原副局长许宪春（2017 年）指出：“现行的不变价 GDP 核算以价格指数缩减法为主，产品功能的增强和质量的提升属于物量增长。在价格指数的编制中，如果不能准确地度量这种产品功能的增强和质量的提升，客观地反映出纯粹的价格变化，那么不变价 GDP 核算也就难以体现出产品功能的增强和质量的提升对经济增长的贡献。”

二是个性化定制使得可比价格测度更加困难。数字经济为满足个性化需求、创造个性化供给提供了更有利的条件。市场供求的个性化程度要远大于以往，产品和服务的差异化程度越来越高。这使得不同时期、不同类别产品和服务的价格更加不可比。随着各类产品和服务越来越独特，不同质量产品的估价也变得更加复杂。尽管欧盟和 OECD 提出了大量的定价建议，包括合同定价、定价模型、组件定价和特征方法等，但要准确估价仍然困难。根据摩根斯坦利的数据，Airbnb 在欧洲比住酒店便宜 8% ~ 17%，在美国比酒店便宜 6% ~ 17%。考虑到厨房等设施，Airbnb 的住房条件甚至可能优于酒店。那么使用酒店价格对类似的 Airbnb 短租房屋进行估价就会存在显著偏差。

三是互联网包月服务、订阅服务加大了单位价格的核算难度。在许多互联网服务的定价模型中，基本版本可以免费使用，增强版只提供给付费用户使用并且大多没有数量限制。包月服务和订阅服务就是典型的代表。例如，对于订阅了无限下载音乐服务的消费者来说，下载 5 首还是 10 首歌曲在支付价格上是无差异的。这意味着货币交易即使记录下来也无法反映数字产品的数量，也就是说无法对单位价格进行观测。

分享经济对 GDP 统计方法带来挑战

分享经济是随着移动互联网的普及应用而产生的一种新型交易模式。在继购买和长租之后，高频的短租成为人们获取商品和服务的重要方式。分享经济的蓬勃发展，给 GDP 的统计方法带来挑战。

现行统计方法难以涵盖居民个人。国家统计局采用生产法来统计 GDP，即通过三大产业增加值汇总得出。其数据依据是规模以上企业直报数据，规模以下企业采取调查估算数据。分享经济如火如荼，包罗万象：分享住房、分享汽车、分享车位、分享知识、分享技能等。这些产品和服务的提供者（统计上称为“生产者”）多是居民个人，而现行的统计调查方法是从法人单位和个体经营户来获取生产数据，难以覆盖居民个人，因此现行 GDP 统计把这部分分享经济排除在外，造成 GDP 的低估。

分享经济对 GDP 核算时如何划分消费品和投资品带来挑战。在现行 GDP 核算中，居民购买的轿车属于消费品，但如果将轿车分享出去获得租金收入，这些轿车就已不是纯粹的消费品，它们被投入到生产活动，并获得相应的收入回报，这实际上是发挥了投资品的作用。这就对 GDP 核算时将这些轿车作为消费品处理还是作为投资品处理，或多大比例作为消费品多大比例作为投资品处理带来挑战。

分享经济对 GDP 核算如何处理居民关于分享闲置日用品

带来挑战。在现行 GDP 核算中，居民购买的日用品，在购买时计入居民消费支出，在销售出去时以负值计入居民消费支出。这种处理方法没有反映出分享经济利用一部分居民的闲置日用品对另一部分居民消费水平的提升，没有反映出分享经济的作用。把日用消费品分享给其他人和作为垃圾扔掉在 GDP 核算是没有区别的。

知识产权跨境流动带来“搭便车”问题

数字产品的主要投入是知识和技术，每一样数字产品都包含着大量的知识产权。由于知识产权的虚拟性、便捷流动性、高附加值性，未被监管到的知识产权跨境流动会造成其附加值在各国的错误统计，也就造成了国际上的 GDP 核算误差。

2008 年的国民经济核算体系将知识产权资产分为五类：研究和开发、矿产勘查和评估、计算机软件和数据库、文学和艺术作品以及其他知识产权资产。由于知识产权资产的高附加值性，除矿产勘查和评估外，其他知识产权资产都受到严格的国际贸易限制。

然而，由于公司内部的信息和资源共享，跨国公司的全球扩张等原因，知识产权资产在全球多个国家跨境流动并产生高附加值，并且往往知识产权的所有者（研发者）和实际使用者（产品生产者）并不隶属于同一国家。被“转移”的知识产权资产的附加值会被纳入各国各自的国民经济核算，但并未被记录在跨境国际贸易统计数据中。这会造成产品研发部门所在国的 GDP 被低估，而生产部门所在国的 GDP 被高估。

结　语

20 世纪 80 年代，计算机产业蓬勃发展，对整个世界带来了巨大改变。诺贝尔经济学奖得主罗伯特·索洛试图利用计量技术对计算机的经济贡献进行测算，却得到了大跌眼镜的结论——统计显示，计算机几乎对生产率没有贡献，对 GDP 的贡献也很小。索洛（1987）不禁感叹到："计算机带来的改变无处不在，只有在统计数据中例外！"这就是著名的"索罗悖论"（Solow Paradox），也称为"生产率悖论"（Productivity Paradox）。

GDP 统计的是市场上商品和服务的价格之和。只有被统计指标纳入到"市场"的经济活动，才计入 GDP，如黑市交易、私人海外代购、部分家政服务就属于"未观测经济"，虽然真实发生，但难以纳入统计；只有支付"价格"，才有可能纳入统计，如家庭劳动、使用微信发送信息、浏览网络新闻，这些免费服务就不被纳入。

当经济形态发生变化时，我们的评估标准也要改变。GDP 在数字经济时代受到越来越多的挑战，数字经济发展呼唤新的衡量标准。在数字经济时代，人们越来越多关注的是思想，而不是事物；是比特，而不是原子；是交流，而不是交易。非货币指标成为人们衡量经济发展的参考指标。

电驱动了第二次工业革命。正是基于电的基础作用和通用意义，“用电量”成为衡量经济发展水平的重要指标。《经济学人》杂志在 2010 年推出“克强指数”，用于评估中国 GDP 增长量，即通过耗电量、铁路货运量和贷款发放量来分析经济运行状况。“耗电量”位列三大核心指标之一。

云是驱动数字革命的核心驱动力。云将重新定义智慧，开启从解放体力劳动到解放脑力劳动的转变，促进数字红利的充分释放。“用云量”成为衡量经济发展的新指标。正如腾讯公司马化腾先生指出：“数字经济发展的重要指标是云化程度。工业时代，衡量一个地方经济发展指标就是用电量、耗电量，工业用多少电、民用多少电。未来数字经济时代，大家通过计算云的数量，来衡量发展程度。”

参考文献

[1] 马化腾，孟昭莉，闫德利，王花蕾. 数字经济：中国创新增长新动能. 北京：中信出版社，2017

[2] 高晓雨，王涛，闫德利. 数字经济时代GDP核算问题研究. 电信技术，2017（12）

[3] 许宪春. 新经济的作用及其给政府统计工作带来的挑战. 经济纵横，2016（9）

数字经济挑战政府监管体制

监管是政府的核心职能之一，是政府为实现特定的公共政策目标，依法对市场主体的进入、退出、价格、质量、竞争以及涉及国民健康、生命安全、可持续发展等行为进行监督和管理。近代以来，世界主要国家逐步建立起了政府监管体系，并根据需要不断进行适应性调整。近年来，数字经济高速发展，给传统监管体系带来了新的挑战。作为一种新生事物，数字经济具有一系列不同于工业经济的新特征和新问题，对政府监管能力提出了更高的要求。

挑战属地管理模式，亟需调整央地监管关系

属地化管理是最为传统的管理模式。通过把地理空间划分

原题《数字经济倒逼政府监管体制创新》，作者闫德利、马源，发表于《行政改革内参》，2019年第8期。

为不同的行政区域，并对之进行属地管理，能够实现监管责任的层层分担，充分利用本地信息优势。我国幅员辽阔，不同地区间的人文环境和发展水平差异较大，基于多级政府的属地管理有其历史必然性，也是国情的客观要求。这有利于通过放权来调动地方政府的积极性，并充分利用本地信息和资源优势。实际上，不仅是政府机构，很多大型企业都采取了属地管理方式，并对照“中央—省—市—县”四级行政区划层层设立相应级别的分支机构，如电信运营商、银行、烟草、国家电网等。很多制造业企业在渠道管理中也为代理商划分了严格的“地盘”，规定代理商只能在划分的区域内开展经营活动，避免不同区域之间的商品“串货”。

互联网可有效突破时空制约，具有“一个平台、服务全国”的运营特点，这与传统属地管理的冲突日益凸显。例如，电子商务平台上有数以千万计的卖家，它们的注册地、实际所在地、发货地可能在不同行政辖区，服务的买家也遍布全国各地。一旦出现经营纠纷，基于行政区划的属地监管模式会面临较大挑战，建立异地协同监管机制需求迫切。再如，互联网医院采取以“在线患者—网络平台—在线医生”为特征的“屏对屏”诊疗模式，使传统上对“患者—医院—医生”实行属地监管的监管体制难以发挥作用。

“各人自扫门前雪”的分区属地管理方式，以及“中央—省—市—县”的分层体制，越来越难以适应蓬勃发展的以无界为主要特征的数字经济，两者产生了巨大矛盾。为建立适应互联网发展的监管体制，亟需调整央地关系，改变事权划分，加强中央政府相关部门在数字经济中的监管责任。必要时设立中央政府部门的区域派出机构，实现全国范围内的统一监管。

挑战行业管理模式，跨部门联合监管成为重要趋势

除属地管理外，行业管理是传统监管体系的另一种重要方式。而互联网的创新大多发生在跨界边缘地带，这对行业监管产生新的挑战。例如，盒马鲜生、7FRESH 等智慧零售新模式基于移动互联网技术融合了零售、餐饮、快递等三个不同行业，涉及商务、交通运输、卫生、市场监督、金融、信息通信等多个监管部门。再如，淘宝、天猫、京东等电商公司，也早已涉及网络社区服务，具备了媒体资讯的特征。这打破了传统的条块分割的行业监管模式。在现有体制不变的情况下，需要更多的跨部门协同，跨部门联合监管成为重要趋势。例如，为加强对互联网金融和共享单车的监管，有关部门分别发布了《关于促进互联网金融健康发展的指导意见》和《关于鼓励和规范互联网租赁自行车发展的指导意见》。与以往以一个或少数几个部门为主不同，这两份文件均是由 10 个部委联合发文。

联合监管、联合执法，有利于弥合政府监管中的缺位错位，避免管理活动的"真空"或"缺位"，提高执法有效性。面向长远和未来，需要改变传统的条块分割的行业监管模式，建立适应数字经济跨行业、跨领域发展的管理模式。

挑战准入管理模式，对事中事后管理提出更高要求

传统的监管手段多是事前管理，以发放牌照和资质审核等事前手段为主。企业获得牌照后，经营环节的监管相对薄弱。一旦出现问题，监管部门往往采取罚款、吊销牌照等简单措施。这导致市场准入门槛较高，牌照价值虚高。对获得准入许可的企业，是否守法经营却又缺乏监管。很多行业虽然采取了牌照管理，但市场经营秩序仍然混乱，根源就在于牌照“一发了之”，事中事后监管不足。三鹿奶粉事件、长生疫苗事件等危害公众生命安全的重大事件，充分体现了事中事后监管不足的弊端。

数字经济新业态的出现，对基于牌照的准入管理模式带来挑战。例如，出租车行业的基本运行机制是城市政府通过发放出租车牌照控制供给总量，并对服务价格进行管制，若干家出租车公司获得特许经营权，但相互之间缺乏竞争。网约车出现后，理论上任何私家车辆都可以从事出租车业务，这大幅增加了车辆供给，提高了供需匹配效率。出租车牌照价格明显下跌，对传统出租车行业运营和管理体系产生了巨大冲击。

数字经济不仅挑战准入管理体系，还对事中事后管理提出了更高要求。数字经济发展速度更快，影响面更广，一条信息可在短短几小时内传遍大江南北、长城内外，P2P 网贷公司也可能在一夜之间销声匿迹，这迫切要求政府提高事中事后的响应速度和处理能力。

建立健全新型治理格局的建议

数字技术的广泛普及应用，不仅会促进经济社会发展模式和运行方式发生新的转变，也会对已有的政策措施和治理手段带来新的挑战。面对数字经济带来的新机遇和新挑战，需要以包容审慎的政策措施来积极推动发展，更需要调整政府监管体制，着力构建更加一体化、法治化、信息化的数字经济监管体制。

一是坚持包容创新的监管理念。考虑到数字经济快速迭代、动态创新的特征，建议主管部门允许试错、包容失败，不采取“一刀切”，为新业务、新业态的发展留有空间。同时，加强对人类社会和经济科技一般规律、共性规律的研究，增强识别真创新和伪创新的能力，客观评价和准确研判各领域发展过程中出现的新情况新问题，制定适应各领域成长特点的不同监管对策。既不应一味将现有规则“从线下向线上延伸”，也不宜将明显违背基本规律的新事物都当作创新，对于技术经济特性明显不同的新模式，建议系统研究其综合价值利弊和现有监管制度的利弊，提出符合其特点的新型业务监管制度。

二是营造公平竞争市场环境。针对平台变革快、创新周期短和动态竞争的特点，建议认真研究反垄断法、反不正当竞争法的适用性。要加强细分市场竞争状况动态评估，引导企业行为预期和强化自律，维护市场活力，对于涉嫌滥用市场支配地位的行为，应一事一议，加强执法。此外，针对线上线下竞争问题，要立足产业变革大势，不宜采取歧视性的措施，而应引导顺应历史进步潮流的新技术应用，促进线上线下的公平竞争。

三是构建多方协同治理体系。建议网络平台经营者作为平台协同治理的最直接和关键一方，本着“科技向善”的理念，按照正义、公平、公正、中立的原则，开发算法，处理数据，制定规则，合理平衡自身商业利益和事实上承担的“公共性”管理和服务功能，依法要求平台履行好合理注意和执法协助义务，构建向上、向美、向善的网络化生态，促进网络生态圈和圈外社会群体之间和谐共处。政府可购买第三方技术服务，增强政府部门的技术优势，提升数字化、网络化、智能化监管能力。支持第三方组织出台行业服务标准和自律公约，用好社会监督，推动企业和网民自律。

四是加强监管的国际交流和合作。全球化的网络与区域化的监管制度的冲突越来越明显，世界各国需要加强合作，求同存异，协商制定个人数据保护、跨境数据流动等数据治理规则，促进数据依法合理使用；加强网络安全执法互助，让全球各国人民共享数字化转型的红利。